JN324343

1日1分!がんばらなくても幸せになれる片づけルール

小松 易

祥伝社黄金文庫

片づける一瞬があなたの人生を左右する

「かたづけ士って、そもそも何ですか?」

と、聞かれることがあります。

かたづけ士とは、お客さまのモノを片づけるのではなく、お客さまがモノを片づけるキッカケを作る人のことです。なので……。

「どんなキッカケがあれば、片づけたくなりますか?」

と、お客さまに質問を投げかけることがあります。また、私からは、片づけの方法をすぐには教えないこともあります。意地悪しているわけではなく、片づけは自分から考える癖をつけなければ、うまくなりません。

そんなアプローチで、片づけをお勧めしています。私が運営するスッキリ・ラボという片づけコンサルティングのキャッチフレーズは3つあります。

「あなたのライフスタイルに合わせた、片づけプランを提案します!」

「あなた自身が片づけします!」

「習慣化するキッカケを提供します!」です。

おかげさまで、約5年間で延べ２０００人以上のお客さまにかたづけコンサルティングをさせていただきました。そして、次第にマスコミの取材も増えてきた頃、私はあることに気がついたのです。

やはり、片づけには人生を変える力がある。それは間違いないと。

片づけるのはモノですが、その結果、スペース（身のまわりの環境）が整い、ヒト（頭の中）がスッキリします。モノ、スペース、ヒトは、互いに影響しあい、モノとスペースを活かすヒトには、新しい生活が始まります。

実行力のある女性、家事をテキパキとできる女性、おしゃれの上手な女性……。いろいろな表現で周囲から評価されて、チャンスが巡ってきます。

家族の信頼を取り戻したり、上司から役職に抜擢されたり、スッキリして垢抜《あか》けた女性と呼ばれたり。片づけをすると、人生が開かれていくのです。

明日死ぬかもしれないから、片づける。これは確かに真実でしょう。そして、もうひとつの真実は「１００年生きるかもしれないから、片づける」。

片づけとは前向きな生き方のこと。片づけは人生をハッピーにしてくれるのです。

あなたの人生は片づいていますか？
あなたの「スッキリ度」チェック

次の質問に「はい」か「いいえ」で答えてください。
「はい」の数がいくつあるかで、片づけ習慣の有無を判定します。
家庭編、オフィス編のお好きなほうで試してください。

☆家庭編

Q1. 片づけたいけど、忙しくて暇がない

Q2. 部屋は、休日にまとめて片づければいいと思う

Q3. 衣類の整理が苦手、朝着る服を選ぶのに時間がかかる

Q4. ２年以上経った「いつか着る」予定の服がある

Q5. モノを、とりあえずどこかに置いてしまう

Q6. 洗濯した後の衣類が、部屋に山となっている

Q7. 「○○は宝物」と決め、絶対捨てないモノがある

Q8. 部屋が片づいていないことで、家族と口論になる

☆判定は次のページにあります。

☆オフィス編

Q1. 片づけるメリットが何かよく分からない

Q2. 社内の共有書類が、自分の机のまわりに溜まりがち

Q3. PC のデスクトップにアイコンが 20 個以上ある

Q4. 1年以上開いていない書類が、引き出しの中に3つ以上ある

Q5. 自分の机の上に書類の山が3つ以上ある

Q6. いざというとき、見たい名刺が出て来ない

Q7. 整理と整頓の違いがよく分からない

Q8. 自分の机が片づいていないことが周囲で話題になったことがある

さて、「はい」の数はいくつでしたか？

【0～1】超優秀！かなり片づけの習慣あり。本書をお楽しみください。

【2～3】優秀！まあまあ片づけの習慣あり、本書をお楽しみください。

【4～5】普通です。片づけの習慣をもっとつけましょう。

【6～7】やや問題。本書を読み、片づけの習慣に興味を持ちましょう。

【 8 】かなり問題。これから本書を“座右の銘”にしましょう。

4章　クローゼットを未来に向けて開け放つ

本書は祥伝社黄金文庫のために書き下ろされました。

本文デザイン／ヤマシタツトム
イラスト／さくまあゆみ
図版作成／日本アートグラファー

序章

片づけとは新しい自分に出会うこと

①

人生の9割は探しモノをしている

①	序章 片づけとは新しい自分に出会うこと

私たちは、人生の時間の9割を探しモノに費やしているそうです。

「まさか、そんなことはないのでは?」

と思った方、ちょっと自分の1日を振り返ってみてください。

朝はまず、枕元で鳴った目覚まし時計を探すことから始まります。

そして、起きがけには1杯のミネラルウォーターを飲みますか? それともコーヒーでしょうか? 喉を潤《うるお》すため、私たちは何か飲み物を選びます。

いくつかの選択肢から答えを見つけようとする過程《プロセス》は、実は探すという行為なのです。顔を洗い、新聞をポストから抜き取り、テレビを点《つ》けるか音楽をかけるかを瞬間的に考え、朝食には御飯を食べるかパンを食べるかを考える。

こうした忙しい朝の習慣にも、いくつもの探すという行為が含まれています。

食事が終われば、会社へ行く人も家事をする人も、その日の予定に合わせた洋服を選んで着替え、それに合うメイクのカラーを選びます。

会社へ行けば、デスクでパソコンを立ち上げ、対応すべきメールを探し、作

①

成中だった会議の資料テキストを探し、検索してデータを探します。

こうしてみると、1日は探す時間の積み重ね。考える、調べる、選ぶ、判断する、話す……。どれも仕事や家事に欠かせない、ある意味「探す時間」です。

それらのなかには、ランチ選びなど楽しい時間があるわけですが、「悪い探す時間」があることも否定できません。

それは、探しモノ！　会社でも家庭でも、モノを探すというムダな時間を減らすことができたら、1日のなかの「探す時間」は一気に短縮できます。

モノを探さない自分、どうでしょう？　冷蔵庫から出したいモノがサッと取り出せたり、着たい洋服をサッと選べたり、食べたいモノがサッと作れたり……。片づけを習慣にすることで、それができるようになるのです。そして、やがて歯磨きのように無意識に続けられるようになります。この状態が、いままで知らなかった新しい自分との出会いです。

身の回りが片づくことで得られるメリットは、意外にたくさんあります。

あなたは昨日、何回探しモノをしましたか？
思い出してみよう

- □ 目覚まし時計を探した
- □ ベッドから降りてスリッパを探した
- □ 眼鏡を探した
- □ 着ていく服を探した
- □ 携帯電話を探した
- □ 鍵を探した
- □
- □
- □
- □
- □
- □
- □

探しモノをする時間、けっこうありますね！

②

片づけられる女は人生に余裕がある

ミス・ユニバース・ジャパンの公式栄養コンサルタントであるエリカ・アンギャルさんが書いた『世界一の美女になるダイエット』（幻冬舎）という本を読んだことがあります。

とても読みやすく、ダイエット本としてもちろん為《ため》になりますが、私はこの本からさまざまな気づきをいただきました。ダイエットと片づけを成功させるには、多くの共通点があったのです。

①減らす　②続ける　③習慣化する

と、キーワードが浮かんできました。女性にとってはダイエットも片づけも「自分を変える」ことなのだと、確認した思いがします。

つまり自分のゴールイメージを描いて、一歩一歩近づくことが成功への道なのです。鍵は、いまが大切ということ。エリカ・アンギャルさんは言います。

「いま、口にしたものが10年後のあなたを変える」

「かたづけ士」の私なら、こう言います。

「いま1分、片づけることが10年後のあなたを変える」

②

自分を変えたいなら、いま1分の自分改革を始めることです。

「好きなものとだけ暮らす」

何年か前、私は雑誌でこの言葉を見つけました。

ちょうどお正月のことで、運命的なものを感じた私は、「今年はこれでいこう」と、1年の抱負としたのです。私はあのとき、なりたい自分のゴールイメージを描いたのだと思います。

好きなモノ、そうでないモノ、すぐに身の回りのモノの整理を始めました。それが、忘れていた自分を知る絶好の機会となり、やがて私は勤めていた会社を円満退社。「かたづけ士」への道を目指すことになったのです。

心の霧《きり》が晴れる。好きなモノだけと暮らす心境を、一言で表すとそんな感じです。すると、自分が本当にやりたいことが見えてきます。スッキリ片づけることに成功した達成感は、心の余裕をもたらします。

私はやっているという、ささやかな自信で、背筋が伸びる感じがします。

②	序章 片づけとは新しい自分に出会うこと

③

自分と「真逆の行動」を習慣にする

私がコーチングをするときは、ひとつの片づける行動が習慣化されるまで、21日間（7日間×3週）、決めたことを続けていただきます。

いつもの悪い癖を良い習慣に変える「片づけの習慣化」が、片づけ上手になる第一歩。日頃の好ましくない行動を「真逆な行動」に変えて実践することから、それは始まります。

たった1分でできる簡単な片づけでいいのです。例えば、出勤前に新聞を決めた位置に片づける。いつも適当な場所に置いていた人にとって、「真逆の行動」をとるとなるとたいへんです。

ところが、毎日続けることによって、予想もしなかった結果が現れ、精神面に必ず変化が起きます。その変化こそが大切なのです。

いつもバラバラだった新聞がきちんと畳まれている。帰宅してからそれを見て気分がいいと、家事にもパッと着手することができたりします。生活のなかにリズムが生まれ、片づけのさらなる意欲が湧《わ》いてきます。

では「真逆の行動」とは、何でしょう。それにはまず、自分の行動を観察す

③

ることが先決です。片づけが苦手な人には、長年の悪い習慣や癖があります。自分を観察してそれを知り、認め、「逆の行動とは何か？」を考えます。

片づけを習慣にするには柱が必要です。ひとつは「真逆の行動を始める」という意志、もうひとつは「どう忘れずにやるか」という仕組み作りです。このふたつがうまくいけば、片づけの習慣化は滑り出します。

ただ、片づけが「本当に苦手」と言う人がいます。すべてが悪い習慣、癖のようで、自分を観察することすら気が乗らない……。そんな場合は、「うまくいっている」ところから認めてみましょう。

「テーブルの上だけは何もない」「ニュースはインターネットで見るので、新聞はとっていない」など。それを認めた上で、悪い習慣や癖を見つめれば、自己観察に嫌気がさすということがありません。

「玄関に靴が出しっ放し」「台所がゴチャゴチャ」「本棚に本が入りきらない」「着たい洋服が探せない」という悪い習慣に気づいた人は、「真逆の行動」をどうすれば続けられるか、それを考えて実行に移します。

片づけられない原因は!?
悪い習慣や癖、良い習慣を書き出してみよう

「真逆の行動」を知ることが習慣化への道!

何に関して?	私のここがダメ、ここがOK
例)買い物	買っても、使わず置いてある
例)置く	とりあえず置いてしまう
例)洗たく	洗ったままでたたまない
例)洗たく	たたむけどしまわない
例)DM	テーブルに置きっぱなし

④

片づけが苦手な「前」「中」「後」3つのタイプ

片づけが苦手といっても、そのタイプは一様ではありません。

これまで多くの個人のお客さまにお会いしましたが、片づけが苦手なタイプは、大きく分けて「前」「中」「後」の３つのタイプに分けられます。

「前」とは、始める「前」につまずいているタイプ。

このタイプの口癖は「いつかやる」。ただし、残念ながらその「いつか」が訪れる可能性はまずありません。いまやらない人に「いつか」は永遠にやって来ないからです。どうしても、いますぐに始められない人は、「○月×日△時から」と、具体的な時間を決めて、自分から宣言するようにしましょう。

いますぐ、たとえ１分でも、具体的な行動を始めましょう。

「中」は、せっかく始めても、途中で挫折しがちなタイプです。片づけを始めたものの、捨てる段階になって「もったいない」と断念してしまったり。

いまの時代、エコな姿勢は常識ですが、それは「使えるモノ」に限ってのこと。「いつか使えるかも」と、何でも手元に置いておくよりも、いま有効に使

④

えるスペースを大切に。不要なモノは潔《いさぎよ》く捨てましょう。

「後」は、片づけて一度はスッキリしても、維持ができないタイプです。

「せっかく片づいたのに、どうして散らかっちゃうんだろう」

と言うのが口癖で、自分でも分からない無自覚な行動に出てしまいがちです。

家に帰って玄関ドアを開けてすぐ、なんとなく靴箱の上に置いてしまう、脱いだジャケットをなんとなく椅子の背にかけてしまう、など〝なんとなく〟という行動の癖がついてしまっているのです。

このタイプの人は、自分の悪い癖を意識して変えていくことが大切。自分が無意識にとる行動をチェックして、それを直すところから始めましょう。

あなたは「前」「中」「後」、どのタイプですか?

片づけられないのには理由があります。どうして片づけられないのか。自分のタイプを知って、苦手な片づけを克服していきましょう。

④

序章
片づけとは新しい自分に出会うこと

⑤

片づけられない主婦は夫の出世を妨げる

あなたのご主人が会社員で、営業職だとします。ある日の朝一番に、取引先の会社から営業部に電話が入りました。

取引先の担当者が大事な用件を話し始めたので、ご主人はメモを取ろうとして、慌ててペンを探します。

いつも胸のポケットに挿《さ》してあるはずの万年筆……それがないのです。なら机の中にあるはずだと、一番上の引き出しを開けて、ボールペンを探します。

やや焦りながら、なぜか十数本もある筆記用具の中から、適当なボールペンを手に取り、やっと相手の用件を書き留めようとするのですが、今度はペンからインクが出てきません。

「しょ、少々お待ちください……」

と、担当者を電話口で待たせ、また必死で書けるペンを探します……。

これでは仕事になりませんね。相手を待たせるのは、ビジネスのタブーです。引き出しの中が片づいていないため、使うべきときに使うことができない。こんなタイプの社員は、往々にしてリーダーシップが薄いものです。

⑤

そして、往々にして、片づけの苦手な奥さんがいるものです。家が常に片づかずゴチャゴチャしていて、モノが活かされない現実に慣れっこになってしまっているのです。そしてある日、突発的なことが起きるのです。

デスクまわりの状態、そして家の中の状態と、仕事の質はリンクしています。いつもデスクがスッキリと片づいている人は、仕事が速く、気配りができ、人望も厚いものです。生活の習慣は、ご主人の仕事を左右します。

「それは分かっているけど、すぐには変えられないわ」

そう言うあなたは、習慣を変える前に、次の条件に当てはまる場所から1ヵ所を選び、キレイにしてみてはいかがでしょう?

①5分程度で終わる
②いつも気になっている
③ほぼ毎日使う

まずやってみることで弾みになるばかりか、達成感が味わえます。すると次もやりたくなり、他の場所への波及効果を生むことになります。

短時間でできる片づけで 1ヵ所だけキレイにしてみよう

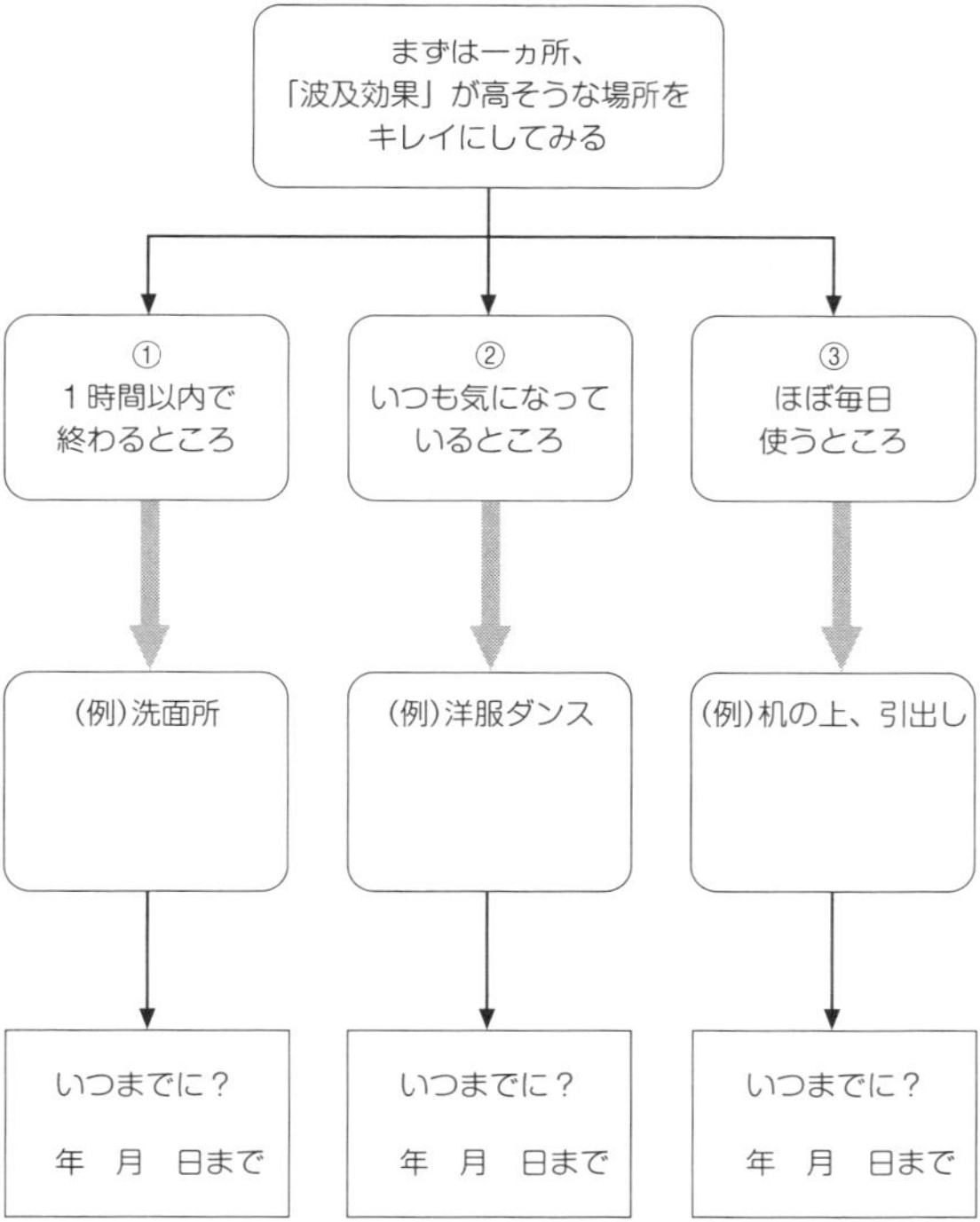

⑥ 自分に優しい「片づけルール」を作る

私は、片づけの基本を親から教わりました。

小学校に上がる頃から、母親に「出したら、出しっ放しにしない!」と、よく言われていたのです。生活の中で、親が子どもに片づけを教えるのは大事な躾《しつけ》です。そのことをいま、しみじみと振り返ることができます。

「絵本を1冊読んだら、2冊目を出す前に、1冊目をしまいなさい。そうすれば散らからないし、自分だって楽でしょ」

そう言っていた母親の言葉は、やがて私にとってささやかな支えとなり、家の中はキレイなほうがいいなという思いを持つきっかけになりました。

インプットとアウトプットはセットで行う。これ、格言です。

そんな私にも、つい最近まで気がついていなかったことがあります。実は私はそれまで、常に自分へのインプットに必死でした。情報をとにかく取り入れよう取り入れようと、インとアウトのバランスを失っていたのです。

ところが、ある人がこう言ったのです。

「あんまり情報を入れすぎると、気持ちが悪くなる。だから私は通勤電車で

⑥

は、できるだけ何もしない。ボーッと脳を休めることに専念します」

インプットをしすぎるとパンクする。そうだったのです！

片づけと同じで、情報は出しっ放しでも具合が悪いですが、入れっぱなしではストレスが溜まります。

入れたら、出す。出したら、しまう。生き方も片づけも、これが基本です。

他にもいろいろ自分なりの「基本ルール」を決めることは、片づけのよい習慣作りになります。あなたも、自分なりのルールを決めてみましょう。

当たり前にできそうで、できていない人の多い具体例を挙げておきます。

①読んだ新聞を定位置にしまう
②使ったコップをキッチンに戻す
③外出先から帰ったら靴を揃える
④脱いだ洋服をクローゼットにしまう
⑤洗濯物を洗濯カゴに入れる

⑥ 序章
片づけとは新しい自分に出会うこと

⑦

片づけ宣言カードでモチベーションを上げる

片づけること自体は難しいことではなく、誰にでも始められます。でも忙しさのせいにして「いつかやる」と、延ばし延ばしにしてしまいがちです。「このイベントが終わったら始めよう」とか「来週の会議が終われば着手できる」と、すぐやらないことを無意識に正当化してしまっている場合があります。

誰にも、片づけを優先順位の下位に置いてしまう傾向があるようです。

でも、それでいいのでしょうか。いままで「○○が終われば」と思っていた片づけに、その○○が終わったと同時に着手したことがありますか？

むしろ、逆だったのではないでしょうか？　○○が自分にとっての大仕事だったなら、なおさら「ちょっと1日休んでからでいいか」と。

結局、片づけは後回しになってしまう……。そこで、片づけのスタートは、声に出して宣言するに限ります。

「私、片づけます！」

と、宣言することで、自分自身を行動へと駆り立てるのです。相手を探して

伝えるのがテレくさければ、携帯メールで自分に宣言してもＯＫ。

とにかく、自分の決意を公表すること。

その効果は３つあります。

①周囲の人があなたを「片づける人」と認識する→応援してくれる
②自分自身を「片づける人」と認識する→撤退できなくなる
③自分をワンランク上の女にする→決意がやる気を湧かせる

私の「かたづけセミナー」では、〝かたづけ宣言カード〟に記入してもらいます。記入欄には、名前、かたづけ宣言文、そして、もっとも大事な〝完成イメージ〟を書く欄があります。その状態を頭に刻み込むのです。

人は宣言することで、宣言しないより数倍の結果が出ます。たとえ計画通りに済まなくてもです。しかも宣言した片づけが終わったら、私に写メールを送る約束をしていますから、モチベーションの上がらない人はいません。

☆★かたづけ・そうじ宣言カード☆★

名前

私は

月　　　日　　　（　　）

：　　　AM/PM　から

：　　　AM/PM　まで

場所　　　の

主な
アイテム　　　を

（　整理・整頓・掃除　）　します。

終わった時の状態は

ごほうび♪

「かたづけ士」からのメッセージ1

自分にスイッチを入れてみましょう！

「なんだか人生うまくいかない……」というときは、身のまわりの片づけをお勧めします。何かきっかけが見つかるはずです。焦らず慌てずにいきましょう。

1章

たとえば財布
身近なところから始めよう

⑧

人は見かけが肝心
女は財布で見られている

財布がいらないカード類で膨《ふく》らんでいる人は、家の中もいらないモノで溢れかえっているものです。あなたが、マメに片づけている女性であるかどうかは、財布を見ればすぐに分かります。財布はあなたの家や部屋の縮図です。

①あなたの財布の中の状態　②あなたの頭の中　③あなたの日常

この3つは、やはり相関し合っているのです。

では質問です。①、②、③のどれもがゴチャゴチャしていて、スッキリしない状態だとしたら、あなたは、片づけを①、②、③のどれから始めますか？

答えは……ありません。人それぞれです。

ただし、私がお勧めしたいのは、①あなたの財布の中の状態。理由は、いたってシンプル。①がいちばん早く結果が出るからです。

片づけの習慣化のスタートには、まず財布の中を片づけましょう。

「人は見かけが9割」とよく言いますが、私が思うに「人は財布の見かけが9割」。買い物をしたり、食事をしたり、電車やタクシーに乗ったりするたびに、ポイントカードや、サービスカードや、ディスカウントカードなどを渡さ

⑧

れる機会が多くなってきました。軽い気持ちで見境なく受け取っていると、財布はあっという間に膨れ上がってしまいます。

いっぽう、家や部屋にある収納を含めて、一日のうちでもっともモノを出し入れする入れもの（収納）は財布ではないでしょうか。

スッキリとスリムな財布を手にしている女性は、第一印象がよく、きちんとした生活が忍ばれます。おしゃれで、知的で、幸せなイメージが窺《うかが》えます。

反対にパンパンに膨らんだ財布は、その角も擦《す》り切れがちで、生活感に満ちています。知らずにプライバシーをバラしてしまっているようなものです。

キレイとはいえない財布を平気で持ち歩く女性は、頭の中も、私生活そのものも、往々にして整理されず、グチャグチャの状態です。

いらないモノの詰まった財布には、お金や幸せが入りこむ余地がありません。いくら高価なブランド財布を持っても、いくらマニキュアをキレイに施していても、これではあなたの人生は好転しませんよ。

⑧

1章

たとえば財布　身近なところから始めよう

⑨

領収書は明日に持ち越さない

さて、次の質問です。家に帰ってから財布をどこに置くか、あなたはその定位置を決めていますか？　私は財布をしまう場所を、籐《とう》製の平カゴと決めています。

外出から家に帰って洋服を脱ぐとき、上着のポケットから、財布、ハンカチ、ティッシュの順番に出し、カゴの中にまとめて置きます。

あなたもバッグをしまうとき、財布を出して定位置に置いていますか？　大事なのは、中から領収書など1日で増えたモノをすべて抜き出すことです。

私は駅でICカードをチャージしたとき、領収書を必ず受け取りますが、それもその日のうちに財布から抜き出し、カゴの中に仮に置きます。

最終的には、寝る前までに「今日の経費」とタイトルを付けたジャバラ式のファイルにある「今日」のポケットに移します。

こうして財布の中にモノが溜まらない仕組みを作っておけば、毎日、たいして時間をかけずに財布を片づけることができます。

仕組みとは、「片づけたい」という思いを実現する方法のことです。

⑨

あるテレビ番組で、靴の中敷に描いたイラストが左右対称になっている子ども用スニーカーが紹介されていました。子どもが楽しく靴を揃えられるようになっているのです。片づけの習慣化には、目的意識と仕組みが必要だと、序章で書きましたが、このスニーカーには素晴らしい仕組みがあると思います。これがあれば、片づけの習慣化はとてもスムーズにいきそうです。

ある女性のお客さまは、歯ブラシにメモするという仕組みを考えました。「歯磨きと洗顔が終わった後、すぐに洗面所を拭いてしまう」という習慣をつけたいと考え、歯ブラシに「ふく」と誓いを記したのです。思わず、子どもの頃、手に直接〝明日の持ち物〟をボールペンで書いたことを思い出しました。

彼女の目的意識の強さが、そのシンプルで大胆な仕組みを編み出したのです。では、目的意識とは何でしょうか。それは、自分のまわりが片づいていないことで感じるマイナスの心境から、生まれます。では、領収書に限らず、しばらく片づけなかったときの心境は？　次のページで一緒に考えてみましょう。

こんなに悪影響がある
片づけなかった日の心境は？

・落ち着かない、頭と体が休まらない
・注意散漫になり、イライラする
・不健康な気分
・集中できない
・動きたくない
・いちいちモノにぶつかって危険
・自分はダメだ、無能だ、できない女だと、卑下してしまう
・モノを探すのに時間をとられる
・モノが出て来ないので、仕方なく同じモノを買う
・アイデアが出て来ない、いいアイデアが見つからない
・家族とケンカしたり、口論になる
・やる気がなく、何でも他人のせいにしがち
・運がよさそうに感じられない、恋人ができない
・片づけなきゃと、いつも追い込まれている気分
・人は家に呼びたくない（呼べない）
・残業が増える
・企画案が浮かばない
・仕事に集中できない
・職場全体に、汚い環境ややる気のなさが蔓延する
・いつも孤独な思いにとらわれる

⑩

自分らしく暮らすスタイルは財布から

片（かた）づけることには、３つの意味が含まれています。

①「片をつける」
②「型をつける」
③「方をみつける」

それぞれの意味をひとつずつ考えることで、初めて、片づけの大きな意味に気づくことができます。

まず①「片をつける」は、物事をリセットする、そして区切る、です。次のステップに進むために、ひとつのステップに区切りをつけ、新たなスタートを切るということです。

②「型をつける」は、身のまわりの環境をよりよく整えるために、自分なりの仕組みやルールを考えて、手に入れるということです。

③「方をみつける」は、より自分らしいスタイルを探して見つけ、新しい暮らしを始め、自分の生き「方」をみつけるということです。

人生をリセットして区切りをつけ、仕組みやルールを手に入れて、自分らし

⑩

いスタイルの暮らしを始める――。片づけは、1分もかからない簡単な行動で人生を幸せに変える、もっともシンプルで身近な方法です。

では、財布の片づけから練習していくことにしましょう。

すべての片づけに言えることですが、片づけ基本動作は4ステップ。「出す」「分ける」「減らす」「しまう」です。所要時間は、5分から10分。

step1　いつも使っている財布を机の上に出してください。

step2　財布の中のお金（お札、コイン）カード、会員証、レシートなどを財布からすべて出してください。

step3　財布から出したら、お札、コイン、カード、会員証、領収書、レシート、その他（例：割引券、お守りなど）に分けてください。

step4　前のステップで分類した、「領収書、レシート」の中の不要なものは捨てて、必要なものだけ所定の「領収書入れ」に入れましょう。「領収書入れ」がない方はすぐに作りましょう。

⑩	1章 たとえば財布　身近なところから始めよう

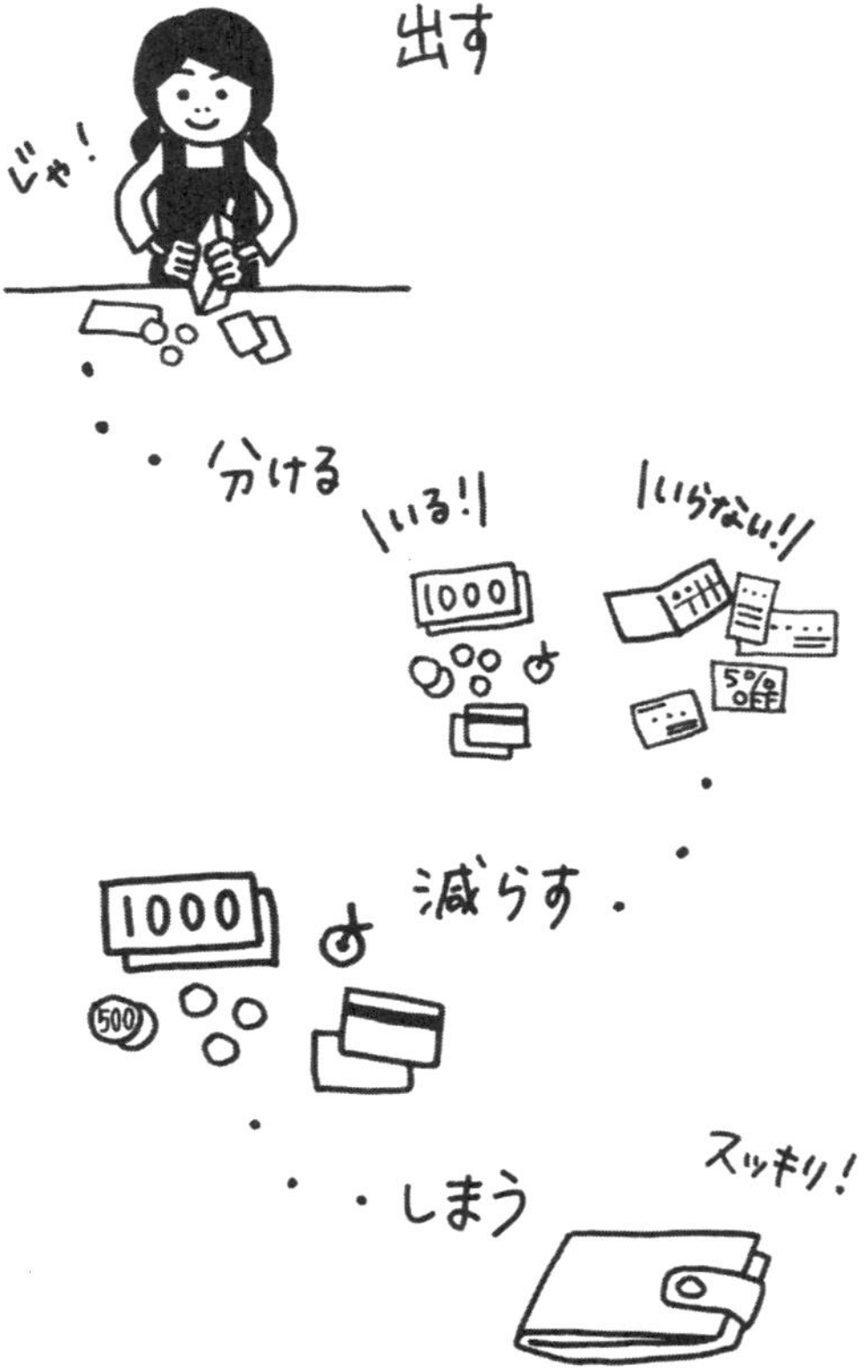

⑪ いらないカードはもらわない

「登録無料です」と店員さんに勧められ、思わず店の会員になってしまった……。私の身に起きた実話ですが、その結果いただいたのは次のものでした。

①会員証（プラスチック製のちょっと立派なつくり）
②会員規則
③会員のご案内書（ポイントでもらえるプレゼントを写真入りで紹介）

かなりお気に入りの店だったのですが、後で考えると、年に数えるほどしか利用しないため、そんなにポイントが溜まるとも思えません。

こういう細かいものって、みなさんどう保管しますか？　私は通常……。

①会員証は↓「メンバーズカード関係用」のホルダー行き
②会員規則と③会員のご案内書は↓「説明書関係」ファイル行き

と、決めているのですが、今回はキッパリと捨てました。

そもそも、財布に入っている何枚ものカードは、本当に毎日持ち歩かなくてはならないものですか？　その点に関しては、常に自分で素早く判断する練習をしましょう。できれば30秒程度以内にジャッジをします。

⑪

判断の基準は「過去1ヵ月以内に使ったかどうか」。

それに照らして、1ヵ月以内に使った「一軍」のカードと、一ヵ月を超えて使わなかった「二軍」のカードに分類します。「二軍」のカードが財布で行き止まりになることで、財布は膨れ上がるのです。

「二軍」の中でも、まったく使っていない不要なカードに、年会費を払っているようなことがあります。何かのサービスに引かれて入会しても、それっきりお店にも行っていないようなカードもあります。

そんな時こそ、自分の生活の癖を見つめるチャンス。なぜ、いらないカードを溜めてしまったのか、自分の行動を振り返り、冷静にチェックしましょう。

それでも捨てる判断がつかなかった「二軍」のカードは、カード入れを用意して移しましょう。

万が一必要になったら、その日だけ財布に戻して持ち出せばいいのです。

財布にしまう「一軍」のカードは、使う頻度の高い順に、手前のほうから入れていきます。

使用頻度でカードを分けてみよう

最後に使ったのは？

	カード名	1ヵ月以内	1ヵ月より前
1	Aカード	✓	
2	Bカード		✓
3	Cカード		✓
4	Dカード	✓	
5			
6			
7			
8			
9			
10			
		⬇ 一軍	⬇ 二軍

⑫

動線を考えて外出準備たったの5分

不要なモノは財布に溜めず、出すべきモノは出す。その手が自然に動くようになるまで、何日か続けてみましょう。

片づけるという行為は【整理】と【整頓】でできています。

【整理】はモノを減らすこと。

【整頓】とは使いやすいように置く、配置すること。

両方とも、慣れれば、瞬時にできるようになります。

この整理・整頓の動作を含めた、片づけの基本動作が、「出す」「分ける」「捨てる」「しまう」。毎日、繰り返し練習してみましょう。

財布をしまう定位置が決まっていない人は、いつも財布を探す人です。

財布だけでなく、「鍵が出て来ないよ〜」「携帯がないわ」「眼鏡が見当たらない」と、いつも何か探しモノをしています。

このタイプの人は、モノを置く定位置を決めていないのが、決定的な短所。

いつもモノを探し、使い、使い終わったモノを置く場所をどこにしようかと探し、そしてまた使う時には探すことから始めなくてはなりません。

⑫

いつも咄嗟《とっさ》に思いついた場所に置くので、使う時には忘れてしまうのです。片づけの苦手な人は、このように常にダブルアクションになります。片づけの上手な人より、何倍も時間をロスしているのです。

モノを置く定位置を決め、外出の目的別にまとめておけば、出かける支度にさほど時間をかけずに済むのです。

これが職場だったらどうでしょう。ビジネスツールの定位置を決めていない人は、何をするにも同僚より一歩も二歩も出遅れます。スピード感のない人には情報整理の能力も低いと言わざるを得なく、これでは上司や同僚の信頼を勝ち取れるわけがありません。

逆に公私にわたり準備万端な人には、幸運な情報や出会いが舞い込みます。

書類バッグには、名刺入れ、仕事用ファイル、定期入れ、音楽プレーヤーなどが整理して入れられ、ロッカールームに置いたアフターファイブ用バッグには、アクセサリー、スカーフ、「二軍」のカード入れなどが収まっています。

そういう人は退社準備も迅速で、5分もあれば十分でしょう。

⑫	1章 たとえば財布　身近なところから始めよう

自分でつくる「財布や小物の定位置ルール」5つ

1. ______________________

2. ______________________

3. ______________________

4. ______________________

5. ______________________

⑬

バッグに顔を突っ込まなくていい整理術

財布と同じで、バッグもあなた自身の生活を表しています。

バッグに、まるで頭を突っ込むようにして、モノを探している女性を見かけることがありますが、その姿は周囲にマイナスな印象を与えてしまいがちです。財布の片づけができるようになったら、バッグも片づけてみましょう。

バッグは、開けたときに何がどこに入っているかが、パッと見える状態がベストです。それには、いくつかの小ぶりなポーチに、化粧品、筆記用具、デジカメなど、用途ごとのアイテムを小分けして入れておくとよいでしょう。

市販されている〝バッグインバッグ〟という、優れた〝装備〟を使うのも便利ですし、ともかく自分が使いやすいように工夫してカスタマイズしてください。女性のバッグは、中に仕切りがないものが多いので整頓が大変そうです。また、毎日着ていく服に合わせてバッグを変える人も多いようです。そんなときにこの商品はたいへん便利で、男性用もあります。

少なくとも、週に1回はバッグの中を片づけましょう。「出す」「分ける」「減らす」「しまう」といった4つのステップは、財布とまったく同じです。

⑬

ｓｔｅｐ１　いつも使っているバッグを用意してください。（※バッグＡとします）

ｓｔｅｐ２　バッグの中身をテーブルの上にすべて出してください。

ｓｔｅｐ３　「全然使っていない」あるいは「なんとなく」持ち運んでいたモノを一掃してみましょう！　例えば、化粧品のサンプルやパンフレットなど。捨てられるものは思い切って捨ててください。

ｓｔｅｐ４　ステップ１とは別のバッグを用意してください。（※バッグＢとします）

ｓｔｅｐ５　バッグＢに、バッグＡを整理して残すと決めたものを入れます。

どうですか？　片づけを始める前のバッグの状態と比べ、だいぶスッキリしたと思います。不要なものを見直すこととは、それをバッグに入れた自分の行動自体を見直すキッカケにもなります。

　バッグの中身の「ミニ引越し」で、不要なものを見直す。このような簡単で身近なところから始めて、片づけを習慣化していきましょう。

名刺の上手な整理の仕方

「名刺の片づけ方が分からない」という女性がいました。主婦の方なのですが、最近は携帯電話番号やメールアドレスを主婦同士や、PTAの保護者同士で交換し合うことも多いとか。

ところが、その名刺。記載内容をＰＣや携帯に登録してしまったら、「お役御免」になる場合もあり、何か自分なりのルールを作りたいとおっしゃるのです。

名刺の片づけも、カードと同じように「一軍」「二軍」に分けて片づけるとよいでしょう。分類の基準は、ビジネスマンなら普通「１ヵ月以内にコンタクトを取ったかどうか」ですが、主婦の方であればもう少し延ばすなど、自分なりに決めるとよいと思います。

もらった名刺はその日のうちに保管ケースへ入れます。→あいうえお順ではなく、日にち順に仕分けしておきます。→整理は１ヵ月に１回。その間にコンタクトを取ったかどうかが基準です。コンタクトを取った相手（または今後、コンタクトを取る人）は名刺ファイルにファイリング。取らなかった相手は、１年保存ボックスへ→年末に整理する。

名刺の片づけは「なんとなく」ではなく、「長くつき合いたい大切な人かどうかを考える」作業と心得ましょう。

⑭

財布がスッキリすれば「片モチ」が上がる

ベテランの主婦の方が、しみじみと言っていました。

「スッキリと片づいた財布には、不思議とお金が入って来ますね」

バッグも同じで、スッキリと整理されたビジネスバッグを持ち歩く女性を、人は信頼して認めます。片づける能力のある人は、判断力や事務処理能力に長《た》けていると知っているからです。

何を捨て、何を残すか。その判断がつく人は、自分にとっての物事の優先順位をつけることができます。私たちは日常生活のなか、お店のカードをはじめ、さまざまなものをもらいます。

また女性なら、既婚か未婚かにかかわらず、家族のこと、仕事のこと、趣味のこと、友人関係のことなど、さまざまな生活シーンを抱え、やるべきことを山ほど抱えています。

それに伴い、持ちモノもたくさんついてきます。そして気がつくと、あらゆるモノを持ち歩き、本当に大切なモノを見失いがちになっているのです。

片づけは、生活の自己点検でもあります。自分を取り巻くモノたちと向き合

⑭

い、本当に大切なモノは何かを探す作業です。

財布やバッグを片づけ、自分の小さな環境を整えれば、自分が明日をどう過ごしたいのかが、自然と分かってきます。

よく片づいたバッグを持つ人には、新しい仕事や、何か楽しい情報や、新しい人間関係をもたらすチャンスが飛び込みます。

その理由は簡単。片づけ上手の人は、自分がどういう生活を送りたいかといったゴールイメージを持っているからです。ゴールを決めて道を走る人には、周囲の人は支援しやすいのです。

片づけ上手は、生き方上手。片づけは、実行して結果を得てこそ意味があります。いかにして成功体験を得るかが、次の「片づけへのモチベーション」をアップさせるカギ。その「片モチ」を上げるためにも、自分のもっとも身近なところからスタートするのがよいのです。そして、片づけを「プロジェクト」として自分のなかで位置づけることです。途中で挫折しないよう、少しずつ「片モチ」を上げていきましょう。

どんな場所にも応用できる ひとり片づけプロジェクトの流れ

スタート

↓

step 1　現状をつかむ

↓

step 2　行動計画を立て、スタート日を決める

↓

step 3　イベントを企画する

↓

step 4　片づけ宣言する

↓

step 5　片づけ実行

↓

step 6　イベント実施

↓

ゴール

「かたづけ士」からのメッセージ2

財布だけでもスッキリしたでしょう？

財布はどうでしたか？「次はどこを片づけてみようかな!?」と、ちょっとやる気が湧いてくるはずです。さあ、次はキッチンまわりに目を向けてみましょう。

2章

キッチンで片づける力を鍛える

⑮

冷蔵庫は冷やすもの
貯蔵庫ではない

食品は、買い求めたらすぐに食べるのが美味しいのです。でなければ、ストックして、できる限り新鮮なうちに食べる。そのために冷蔵庫があるのだと思います。

そうした冷蔵庫本来の目的を忘れ、つい冷蔵庫に詰め込み過ぎる傾向が、誰にもあるようです。食品は買ってきて、どんどん貯蔵すればよいというものではありません。それでは電気代がムダにかかってしまいますし、第一、冷蔵庫は食品貯蔵庫ではないのですから。

何の食品をどの棚に入れるか、どの棚に置いて冷やすのが美味しいかは、どの家庭も共通で、だいたい決まっていることでしょう。

家庭で消費する食材、調味料、飲み物、日々のお総菜などは、家族の状況により適量が決まっています。その点を把握して、食品の冷蔵庫内への理想的な入れ方を確認しておくべきでしょう。

その上で、冷蔵庫にストックする、捨てるといった行動のバランスを図りましょう。最近は、料理の手間を省いてくれるタレ、ソース類など、便利なモノ

⑮

がたくさん出回っています。そうした半加工品は、買った日には助かるかもしれませんが、一度に使い切れない場合は、残りが冷蔵庫内に溜まりがちです。忙しい時に衝動的に買ってしまうこともあるでしょうが、片づけという観点からは、やや反省の余地があるかもしれません。

さて、冷蔵庫の片づけも、基本の４ステップ「出す」「分ける」「減らす」「しまう」で始めましょう。

どんどん出し、すべての冷蔵冷凍食品をカウンターかテーブルの上に並べたら、次は「分ける」という作業に入ります。

冷蔵庫内の食品ほど、片づける練習に適したモノはありません。なぜなら、冷蔵庫内の食品には〝賞味期限〟があるため、判断に迷わなくて済みます。

期限が過ぎたモノは捨て、過ぎていないモノはしまう。「減らす」（捨てる）ことにためらわなくてよいだけに、冷蔵庫の片づけに挫折することは少ないでしょう。

捨て方に迷う調味料、瓶詰めなどの処分法

冷蔵庫を整理して捨てようと決めたものの、さてどう処分すればよいのか困るのが、瓶詰め、缶詰めなどではないでしょうか。

基本的には液体モノはすべて開け、迷わずシンクから下水に流します。流れにくい半固形物や、固形物、油を多く含む液体は、古新聞やキッチンペーパーに吸わせてから捨てます。

瓶や缶の容器は、洗って資源ゴミに。あるいは各自治体のルールを確認して捨てましょう。

液体調味料は、油を使わないものなら、下水に流して大丈夫でしょう。油を含むもの、油そのものは、古新聞やキッチンペーパーに含ませてから、可燃ゴミに出しましょう。

市販の凝固剤を使ってもよいですし、牛乳やジュースのパックに古新聞を入れ、油を流し込んでから可燃ゴミとして捨てる方法もあります。油はどんな少量でも下水には流さないのは、全国共通のルールです。

⑯ 片づかないキッチンはピカピカに磨けない

キッチンを片づける順番は、冷蔵庫→シンクまわり→台所収納→食器棚。理由は、そのほうが掃除をしやすいからです。例えば、シンクまわりにモノが乱雑に置かれたままだと、拭く、磨くといった掃除ができません。

「掃除と片づけの違いが、分かりますか？」

セミナーで、私はよくこの質問を参加者にぶつけますが、だいたい5割の人は分からないという顔で首を傾げています。そんな時、私はよく、知り合いのハウスクリーニング業の方から実際に聞いたお話をしています。

ある朝、電話で「すぐ来て欲しい」とハウスクリーニングの依頼を受け、現場のマンションに直行して、「ピンポーン」と玄関のベルを鳴らしたのだそうです。

「開いてますので、どうぞー」

中から依頼主らしき女性の声がしたので、ドアを開けて中に入ろうとしたところで、彼は立ち止まってしまいました。玄関から廊下、そしてその先に見えるリビング、いやベランダまで、床は隙間なくモノで埋め尽くされていたそう

⑯

です。

通常ならすぐにお部屋に上がり、クリーニングを始めるのですが、掃除機が入らなかった。片づいていないので掃除ができないという、笑えない話。

掃除とは「スペースをキレイにするすべての行動」であるという認識が、一般的なのかもしれません。けれども、片づいていない場所では、掃除機を動かせず、掃く、拭く、磨くという掃除に至らないわけです。

掃除の前には片づけなくてはなりません。

片づけとは、整理して整頓することでした。

整理とはモノを減らすこと、整頓はモノを使いやすいように置く、配置すること。まず整理をしっかりしてから、整頓にとりかかるのが順番です。

また【掃除】とは、掃く、拭く、磨くこと。そのうち磨くとは、拭いてキレイになった所を磨くことです。つまり整理・整頓されていないキッチンは磨けず、いつも汚れたままということになってしまうのです。

キッチンが片づかない理由は？

- □ 片づけたいけど忙しく、料理で手一杯
- □ 食事の前後は動きたくない
- □ キッチン収納が満杯で、モノがはみ出している
- □ 不要だが、もらいモノを捨てられない
- □ 買ったモノをとりあえず置いてしまう
- □ キッチングッズの新製品に目がない
- □ どうしてよいか分からない
- □ 家族の食事時間がバラバラ
- □ ダブり買いをすることが多い
- □
- □
- □

⑰

「分ける」と必要かどうかが「分かる」

「調理器具が収納に収まりきれない」

と、悲鳴に近い悩みを抱えている人は少なくないようです。

鍋、大鍋、釜、フライパン、卵焼き器、蒸し器、水切りカゴ、ボールといった調理器具から、鍋つかみ、キッチン鋏、お玉、バット、トング、缶切り、菜箸《さいばし》、お菓子作りのアイテム一式……。

まるで際限なく書き出せそうな調理器具の片づけは、難関のひとつ。これらが未整理のままシンクまわりに散らかっていると、片づける意欲も湧かないばかりか、当然キッチンを磨くこともできません。

それらの調理器具も「出す」「分ける」「減らす」「しまう」の方法で片づけるわけですが、この場合の「分ける」は頻度を基準にするとよいでしょう。

いつも使っているもの、1ヵ月に一度は使うもの、この1年間使っていないもの。そうして「分ける」作業をすると、本当に必要なモノが「分かる」のです。

お菓子づくりという趣味がマイブームだったのは何年前だったか……。それ

⑰

さえ忘れてしまったモノを、後生大事に取っておく必要はありません。次に新しいブームを楽しむために、そのスペースはリセットしてしまいましょう。あるいは料理の腕前が上がったので、不要になったものもあるかもしれません。

料理家・魚柄仁之助さんの『知恵のある・和の家・和の食・和の暮らし』（主婦と生活社）という本を読んだ時の、〝コックピット・キッチン〟という発想の素晴らしさが印象に残っています。ポイントは、３つあります。

①必要なものだけを
②手の届くところに
③立体的に配置する

この考え方、まさに道具とスペースを共に活かす、究極のキッチン。そこでは、料理人の腕が最大限に活かされるはずです。

ところで、あなたの得意料理はなんですか？「どんな料理を頻繁に作るか？」その基準なくしては必要なモノが決まらず、〝コックピット・キッチン〟を作ることはできないのです。

⑰

2章
キッチンで片づける力を鍛える

⑱

料理と片づけは家族みんなが楽しめる

ある女性誌で「あなたが料理をしない理由は？」というアンケート調査があり、答えには、次のような結果が列記されていました。

・自分が料理をしなくていい環境だから……。
・面倒くさい
・時間がない
・興味がない
・料理が嫌い
・上手にできたためしがない……。

この回答を読み、「片づけ下手の人が、片づけをしない理由」に置き換えることができることに驚きました。

・自分が「片づけ」をしなくていい環境だから……。
・「片づけ」は面倒くさい
・「片づけ」る時間がない

⑱

・「片づけ」には興味がない
・「片づけ」は嫌い
・「片づけ」が上手にできたためしがない……。

「うーん」と、私は唸りました。料理や片づけをしない女性は、満足感、達成感などを得られる成功体験をする機会がなかったのでしょうか。

残念なことです。実は、料理と片づけのメリットも共通なのです。

・クリエイティブなことなので、やればやるほどワクワクする
・外食や二度買いをしなくなり、お金に余裕ができる
・企画力や表現力が高まる
・家に友人を呼んだり、ホームパーティーが楽しめる
・周囲の人が手伝ってくれるようになる
・友人や家族たちとのコミュニケーションができる
そして最高の共通点とは、自分も家族もみんなが楽しくて幸せということ！

⑱

2章
キッチンで片づける力を鍛える

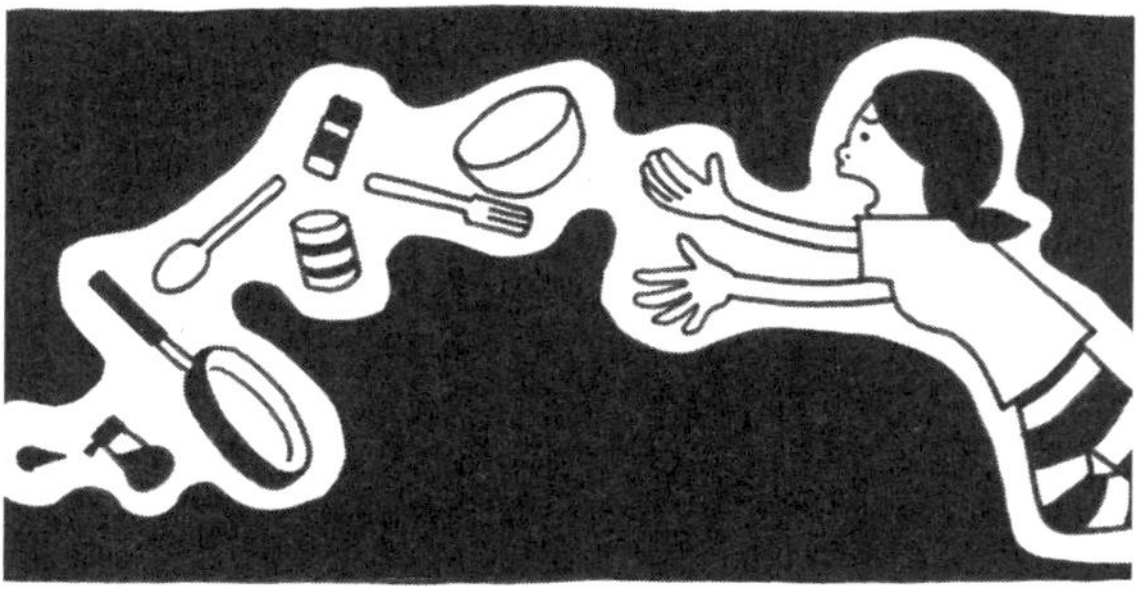

⑲ 買い過ぎないための定位置ルール

買い過ぎの傾向が直らず、悩む人もいます。注意すると決めても、冷蔵庫やストッカーに溜めるだけ溜めてしまう人は、安いモノに目がない傾向があるのだと思います。安売りのチラシを見たり、たまたまスーパーに行ったらタイムセールだったりという理由で、「ラッキー」とばかりに燃えてしまう……。

このタイプの人は、買い置きに関するルールを決めておくと、問題を回避できます。家族が10人くらいいる大家族というならば話は別ですが、数人までの家庭では、とりあえず「きょうハンバーグ食べたいから材料を買う」と決めたら、「それ以上の食材は買い置きしない」などのルールです。

「でも、ケチャップがあるかどうか分からないから、とりあえず買っておく」

と、買い込みタイプの人は考えます。改めたほうがよいのはその点です。

「なかったら困るでしょ」

という心理的な強迫観念が常にあるのでしょうが、むしろ「なかったら、また買えばいい」と考えるほうが、キッチンは片づきます。

買って家に帰り、残量があることが分かっても、次に困るのは、買ったケチ

⑲

ャップの置き場だからです。使用中のケチャップは冷蔵庫に入れると決めていても、ダブり買いした場合、新しいケチャップには定位置がないのです。

そんな人は、キッチンを片づける以前に一度、収納量とモノの置き場（定位置）の関係を検討してみることをお勧めします。

収納とストック食材の置き場（定位置）に関するルールを決めるにあたって、ポイントは3つあります。

①定位置に、何を置くか。
②定位置に、どれくらい置くか。
③定位置に、どのように置くか（適量はいくつか）。縦に置くか、横に置くか（ケースに入れて置くか）。

これを決めておけば、なくて困ることがなくなり、慌てることもありません。また、衝動的に買い過ぎるリスクを回避することができます。

買い過ぎたモノを置く場所を、他の収納のスペースとして活用できれば、キッチンはいつもスッキリと片づけることができます。

⑲

2章
キッチンで片づける力を鍛える

⑳

食器棚には1／5の空間が必要

キッチンにあるすべての収納は、「出す」「分ける」「減らす」「しまう」の基本動作で片づけるわけですが、食器棚でありがちなのが、持っている食器すべてをギッシリと詰め込んでしまっている状態です。

実際に日常で使う食器はごく一部のはず。食器棚から「出す」が済んだら、よく使う「一軍」と、あまり使わない「二軍」に分けましょう。

「二軍」のうち、欠けているとか、汚れが取れない食器は、この際、思いきって処分してもよいでしょう。処分する判断のつかない食器は、箱にまとめておき、1ヵ月ほどの間、様子を見ます。

その1ヵ月で出番がなければ、処分してしまってOKです。

「二軍」の中の食器を見ると、だいたいが食器棚の奥で出番のなかったモノだと、気がつくはずです。あるいは、引き出物にいただいた食器なども、ついつい捨てられず食器棚の奥に追いやられてしまっているかもしれません。

「二軍」の中の使用頻度の低い食器には、お正月用など特別な機会にしか使わないものもあります。

⑳

思いきって、別の収納場所に移すことを検討してもよいでしょう。

お客様用の食器には「来客用」とラベルを貼り、キッチンとは切り離して保存しておきます。どうしても置き場所が見つからない場合は、キッチンでも手の届かない場所や、シンク下の収納の奥にUターンしてもかまいません。

そうして新しくできた食器棚の空きスペースを、日常的に有効に使うことができれば、スペースはぐんと活きてきます。

余裕のできたスペースに「一軍」の食器を戻す際にも、よく使う食器は手前、たまにしか使わない食器を奥にしまいます。戻した時点で、まだ食器棚が窮屈な状態なら、絶対量が多すぎる証拠。

必要なものが、必要な時に取り出せないのでは、食器としての価値がありません。また、そんな時はイライラしてしまい、片づけのリバウンドが起こらないとも限りません。思いきって捨てることを考えましょう。食器を探すことは、主婦にとって大きなストレスになります。そこから解放されることに優先順位を置く。5分の1ほど余裕のある食器棚がベストな状態です。

あ……

㉑

収納力はないほうが片づく

「かたラボ」とは「かたづけ研究会」のこと。

最近、私の主宰する「かたラボ」では、「かた筋」つまり「片づけをカンタンにする力」を鍛えることにしています。

このコンセプトは、片づけても一過性で終わってしまうという問題点から生まれました。片づけの習慣化を目指そうというわけです。

しかし「かたラボ」に参加した人は、やがて「かた筋」とは、しばしば「捨てる力」でもあると実感することになります。

あなたにとって、片づける対象とは？　当然、モノですね。

例えばキッチンでモノを片づけながら、自分の家族にとって、日々の暮らしで使う食材や食器や調理器具はどのくらい必要なのかと、モノの適量を見ていくことになります。

実はそれは、家の「スペースの適量」を見るチャンスでもあります。

「もっと収納力のある大きな家に引越せば、片づけの問題は解決するのに」と、つい愚痴をこぼしたくなる時もあるでしょう。

㉑

しかし、果たして本当にそうでしょうか？　必要以上に大きすぎるスペースは、逆にあなたにとってリスクかもしれません。

「分かっちゃいるけど、やめられない」

人間というものは、気が緩めば、元《もと》の木阿弥《もくあみ》になる傾向があります。

日常の悪い習慣を「真逆の行動」で改善しようと決意したのに、スペースを広めるのでは、また元の習慣に戻ってしまう怖れがあります。

「しまう」以前に、「減らす」ことを手抜きしてしまう結果になります。そこで私は、リスキーなお客さまには厳しい口調で伝えています。

「単なるモノの移動に終わらないように。減らす意識で外に出すと決めたものには『賞味期限』があると心得てください。必ず外に出す期限を決めることです。できるだけ『1週間以内』に外に出すようにしてください！」

ある主婦は、捨てることが苦手だったのですが、不要なモノは心を鬼にしてキッチンの外へ出すことに専念。片づけの習慣化を成功させました。「移動でモノは減らない」と、自分に突っ込みを入れて取り組んだ結果でした。

どんな場所にも応用できる「モノ処分リスト」を作ってみよう

人に譲るとか売ると決めたら、行き先や処分の実行日を記入しておく。期限を決めて取り組むのが、延ばし延ばしにしないコツ。相手が思い浮かばないモノは、残念ながら価値なしの可能性も。思いきって捨てることを検討しましょう

モノ	行き先	連絡先	予定日
コーヒーカップセット	姉にあげる	03-0000-9999	○月○日
○○吟醸酒（一升瓶）	忘年会の差し入れ	03-9999-0000	×月×日
ホットサンドメーカー	ネットオークション	03-8888-0000	○月×日

「かたづけ士」からのメッセージ3

自分が変われば
片づけは簡単です！
キッチンまわりはどうでしたか？　身近な１ヵ所から始めて、「４ステップ」がルール、少しずつゴールをめざしましょう。さあ、次はリビングです。

3章

リビングがスッキリ片づく仕組みを作る

㉒

片づけのゴールイメージを描く

片づけるモチベーションのことを、私は略して「片モチ」と言っています。「かたづけ士」である私の役割は「片モチ」を上げること。

ただし「片づけは嫌い」と認識している人に、無理は禁物です。「片づけは大仕事だ」と思うと、モチベーションに水を差すことになりかねませんから、本当に少しずつ始めることにしましょう。

1日3分、例えば好きな曲を「片づけのマイテーマ」と決め、その曲が流れている間だけ、片づけてみるところから始めてみてください。1日3分でも、走り出しの何日間で、効果は確実に目に見えてきます。

それでもまだ、「面倒くさい」「つまらない」「疲れる」「やる気が起きない」など、苦手意識を払拭できない人には、片づけた時のゴールイメージを描くことが大切だとアドバイスしています。

片づいた時、リビングはどんな快適な空間になっている？　そこで家族と何をしている？　自分は何を始めている？　どんなイメージを描くのも自由です。

㉒

片づけが終われば、自分にとってよいことが起こる――。その前向きなイメージを描くことができれば、「片モチ」は絶対にアップします。

ひとつ忘れないで欲しいのは、ゴールイメージは、第三者にも分かるよう具体的に数値化して、目に見える具体的な基準を作っておくことです。

「何ができたら、片づけは達成する」ということを考えるのです。

「枯れてしまったグリーンは全部処分」とか「リビングの隅の本棚の本を3分の2にする」といった「数値」や「目に見える状態」を明確にしておくこと。

私はこれを絵に描くことをお勧めしていますが、このことで、片づけはいっそう効果的に進むことになります。

ゴールイメージに近づくには、モノを「持つ基準」と「捨てる基準」をしっかりと持つことが迫られます。これは片づけをする時だけでなく、買い物をする判断基準、そして人からモノをもらう判断基準にもなります。

何を持ち、何を捨てるか。その選択はやがて、日々どう生きるのか、人生をどう過ごしてくのかという基準にもなっていくのです。

㉒ 3章
リビングがスッキリ片づく仕組みを作る

㉓ リビングルームを天井目線で点検する

あなたは、ワンルームで一人暮らしをしている女性。そして、部屋はかなり片づいていない状態だとします。あくまで仮定の話なのですが……。

そのワンルームに会社から帰宅して、パッと明かりをつけた瞬間、部屋が片づいていなければ、グルッと見回してうんざりした気分になるはずです。

「ここまでくると、自分で片づけるのは無理だわ」

と、どことなく、投げやりな気分になってしまうのではないでしょうか？

その気力のなさは、実は部屋の見方に大いに関係しています。

あなたは、片づいてない部屋を「ひとかたまり」として見てしまっているために、片づける気力を失っているのです。

これを例えば、場所を限定して「テーブルの上がキレイなだけでも素敵」というふうに「区分け」して考えれば、少しずつ気力も甦《よみがえ》ってきます。

10分あれば片づけられる箇所を見つけて、着手する。これが、片づけをスタートさせる唯一の方法なのです。

スタートにあたっては、部屋のレイアウトを描きながら、いくつかの区域に

㉓

分けて考えてください。部屋を二分割、三分割、四分割というふうに、いくつでもよいのです。部屋の天井からの目線で区分けしてみましょう。

そうして区分けしたエリアごとに、蛍光ペンなどでマーキングします。小さく「分ける」と次の行動が「分かる」。

前項でもそう書きましたが、「一口サイズ」に部屋を区分けしてみると、どうしたら片づけられるか、本当は自分はこの部屋をどうしたいのかなど、それまでは分からなかったことが不思議と分かってきます。

描けなかったゴールイメージが、ふつふつと湧いて来るのです。

そうなったら、片づけはスタートしたも同然。さっそく区分けした「一口サイズ」の片づけを実行してみましょう。

「一口サイズ」というのは、5～10分程度で片づけが終わるところのことです。欲張って一気にやろうとせず、最長でも1時間程度に止めておきましょう。

余裕を持ってストレスのないスタートを切るのが、成功の秘訣です。

㉓ 3章
リビングがスッキリ片づく仕組みを作る

自分でつくる「リビングの片づけルール」5つ

1.

2.

3.

4.

5.

㉔

使ったモノを戻すのは家族への愛

小学校の道徳の教科書に「かたづけ名人」が取り上げられていると、知人が教えてくれたので、同業ライバル出現か!?　とばかり、さっそくそれを取り寄せてみることにしました。片づけ名人の正体を暴きにかかったわけですが、なんと、片づけ名人とは「ひろしくんの　おじいちゃん」でした。

――かみこうさくをつくっていた　ひろしくんは、のりが　たりなくなりました。たしか、このへんにもう　1つ　あったはずだけど……。

のりを探しても見つからないひろしくんは、おじいちゃんに聞きます。するとおじいちゃんは、こう答えました。

「のりなら　じいちゃんのへやの、テレビの下、2だんめのひきだしの　右はしにあるよ」

見事その場所でのりを見つけて感激しているひろしくんに、おじいちゃんは言いました。

「入れるばしょを　きめて、きちんとそこへ入れるようにしているんだよ」

おじいちゃん、かっこいい……って、小学生たちは憧れるんだろうなあと、

㉔

私は嬉しくなりました。そして「かたづけ名人」を学校で教えるようになった日本の将来は明るいぞと、正直、思ったのです。

片づけることで、家の中のエネルギーの流れが変わることがあります。

例えば、お母さんが片づけを始めると、子どもたちが読み終えた漫画本をきちんと重ねるようになったというような話が、よくあります。

見るものが変わると、行動が変わるというのは、人間の心理。ことに感受性の豊かな子どもたちは、片づけの良い影響を受けやすいのです。家の中がいつになく片づいた状態になれば、それが刺激になって思わず反応します。

ひろしくんのおじいちゃんのように「モノは定位置に」「入れる場所に入れる」「使ったら元に戻す」と教えることは、子どもたちに、家庭はもっとも小さな社会の単位であることを教える社会教育にもなっているのです。

収納カウンセラーの飯田久恵さんは、定位置に戻すことを「家族への愛」と表現しています。片づける意義をすばらしく表現された言葉ですね。

㉔	3章 リビングがスッキリ片づく仕組みを作る

㉕

類は友を呼ぶ
ゴミはゴミを呼ぶ

散らかし放題のリビングなら、家族は誰も自分から片づけようとはしません。しかし、いつもキチンと片づいているリビングなら、「汚してはいけない」という気持ちになると思います。

かつてニューヨークの地下鉄は、ひどい落書きで有名でしたが、当時のジュリアーノ市長が提言した「割れ窓の論理」でキレイに復活させ、犯罪を激減させたという経緯がありました。

はじめはたった1枚の割れ窓。ただし放置すれば、近くの窓も割れ始める。やがて街全体が無秩序で、犯罪が多発する温床になっていくのです。

市長は地下鉄の落書きを一掃することから始めました。

日本の街でも同じです。駅前に駐輪している自転車のカゴに、誰かがゴミを捨てていくと、すぐに次々とゴミが投げ入れられます。最初に投げ入れられたゴミが、「オッケー」のサインになってしまったのです。

私はこれを逆説的に、「散らかしたくなる仕組み」と、呼んでいます。

散らかしてもいいというサインが残っていると、「この場所は、散らかして

㉕

もいいんだ」と、人は暗黙のうちに許可された気持ちになってしまうのです。

誰かの脱ぎかけの服、整理されずにテーブルの上にバラまかれたＤＭ、積み上げられた新聞、林立する飲み終わったペットボトル……。

そういうモノたちがモノを呼ぶ。その張本人は主婦自身かもしれません。

リビングが片づいていなければ、家族にマイナスの効果をもたらします。

・気持ちが落ち着かない・頭と体が休まらない・注意散漫になる・イライラする・不健康になる・集中できない・動きたくない（太る）・いちいちモノにぶつかる（危険）・人を家に呼べない・ムダ遣いする（モノが出て来ないので買う）・モノを探すことに時間をとられる・いいアイデアが出ない・家族同士で口論になる・やる気がなくなる・片づけなくてはという強迫観念がある・勘が鈍る・創造力が弱る・運が下がる・彼女彼氏ができない・友だちができない・人のせいにする、など。

こんなマイナスが増えるなら、片づけの習慣化を急がなくてはなりません。

思い出グッズの上手な減らし方

㉖

家に来るお客さんの目線でチェックする

家の中といえども、リビングルームは家族の集まり。家族の意識が変わらなければ、なかなかキレイに片づくものではありません。

それでもリビングの床やテーブルの上は、1日ごとに何もない状態にリセットするのが、片づけの理想形です。

あの4つの基本動作「出す」「分ける」「減らす」「しまう」が、常に行われている家庭なら、当然そうなってきます。それを1日のゴールイメージとして家族と共有することは、幸せな日常に繋がります。

毎日一度は「スッキリ白紙状態」になっているリビングルームなら、年末に慌てて大掃除をする必要もなくなります。片づけの習慣は、片づけなくていい生活の基盤になっているのです。

ただし、意識しなくても、自然に片づいている場所があります。

私は、初めてお会いしたお客さまに、いつも同じ質問をします。それは「何ができないのですか？」ではなく「片づけられているのはどこですか？」。

すると、ある男性のお客さまは即答したのです。

㉖

「えーっ、どこもありませんよ」

「でも、どこかあるでしょう」

「うーん……」

「玄関は片づいていますか？」

「そりゃ玄関は片づいて当たり前でしょう、靴しかないんだもの」

「それなら、玄関の片づけはできているんですね」

キョトンとされていたその方は、自分にも片づけられる場所があるということに気がついていなかったのです。

玄関の片づけがあまりに自然にできていたため、自分には「片づけができない」と思い込んでいたわけです。

結局、その人は「なぜ玄関は片づいているのか」を考え、自分にもできるというイメージを持つことで、習慣化に成功することができました。

誰だって片づけたくはないのです。できれば毎日片づけなくても済む、環境や仕組みを持ちたい。実はそこにこそ、私の役割があるのです。

ＯＫサインを見つけて
リビングのキレイを維持する

家族が集まるリビングルームが、片づけてもすぐ散らかるときは、家族の誰かが“ＯＫサイン”を出しているものです。

ＯＫサインとは、モノが散らかり出す始まりのサインのこと。別名“散らかりの始まり”とも呼びます。「まあ、これくらいでいいや」と、誰かが心の中でＯＫのサインを出すと、家族に蔓延していくのです。

例えば、あなたがきょう届いたＤＭをテーブルに置くと、その上にモノが積み上がり、テーブルの上が散らかり始め、やがてリビングは無法地帯と化していきます。きょう届いたＤＭがＯＫサインとなってしまったのです。

そんなときの片づけ方法は、テーブルの上をいったん何もない状態に片づけ、リセットすること。

「ゼロ」の状態にすることで、家族が久しぶりにスッキリ感を味わうことできた、再び「片モチ」（片づけのモチベーション）が上がります。

㉗

1分でも始めれば郵便物を攻略できる

片づけの習慣化を、21日間続けて成功した女性がいらっしゃいます。

2回ほど私の「かたづけセミナー」に参加した会社員のCさんですが、当初は仕事が忙しく、部屋もかなり散らかっている様子でした。

こんなことを言っていたのを覚えています。

「片づけを習慣にするなんて、私にはとても無理です」

私が片づけの方法を教えても、もうひとつ消極的だったのです。

「本で見て、やり方は知っているんですよ。でもいつも忙しくて、家に帰ると疲れが出てしまい、何もしたくなくなるんです」

片づけを諦めかけているようにも取れる発言を繰り返していました。

そんなCさんにも、転機が訪れます。Dさんという同じ悩みを抱える女性が参加してきたのです。

Dさんは、いつもダイレクトメールが部屋のあちこちに溜まってしまうという悩みを抱えていました。郵便物をポストから取り出して、リビングルームまで持ってくるものの、テーブルにポンと置いたまま、ソファーに座ってテレビ

㉗

を見たりするので、どうしてもそのまま溜まってしまうそうです。

そこでDさんは宣言しました。

「家に帰ったら、ソファーに座る前に郵便物の選別をします。そして、いらないダイレクトメールはすぐに捨てます」

これを聞いたCさんも、思わず宣言してしまいます。

「あっ、それ、私もやってみます！」

さっそく、CさんとDさんの「DMを片づける習慣化プロジェクト」はスタート。ふたりとも、21日中21勝0敗という見事な結果を残しました。

Cさんは〝勝因〟について、こう言っています。

「自分には無理っていうマイナスな気持ちがありましたが、1日ごとに自信がついて……。次はテーブルの上の片づけにも挑戦したい」

毎日わずかな時間でも、やれば結果はついてきます。「自分にもできる」という発見が楽しくて、ゴールイメージを大きくせずにはいられなくなります。

気がついたら家の中がキレイになっていると、感動する日も近いようです。

㉗

3章
リビングがスッキリ片づく仕組みを作る

自分でつくる「郵便物を増やさないルール」5つ

1.

2.

3.

4.

5.

㉘

片づけると子どものやる気が起きる

中学生のご長男が高校受験を控えた主婦の方が、相談に来られました。彼女から着信したメールからは、並々ならぬ覚悟が窺えます。

「息子が勉強ができるスペースを確保しなければという、この危機感！ この機会を逃したら、一生片づけないかもしれない。今しかないと決意しました……」

実は、Aさんの息子さん、小学校の低学年までは、リビングルームのテーブルで、勉強をしてきたそうです。

多目的だからと、特大のを選んで購入したそのテーブルも、今は昔。写メールを拝見する限り、まったくの物置き台と化しています。

これでは息子さんが、勉強をしたくてもできなかったに違いありません。

そこで、お母さんは新たなる一歩を踏み出したわけですが、私は彼女の勇気に感動。サポートを続けました。

そして……、21日目。Aさんから、私のもとにメールが届いたのです。

「キレイになったダイニングで、子どもが勉強を始めました。もう奇跡。それ

28

しか、この状況を表す言葉を知りません！」

写メールには、何も置かれていないテーブル。そのまわりも嘘のようにスッキリしています。片づけは完了したようです。

Aさんの一件は、まさに、ヒト・モノ・スペースが甦った好例でした。片づけることで、3つが活き活きと本来の可能性を発揮し始めたのです。

真っ白い表面が現れたテーブルは、息子さんの勉強机としても復活。息子さんは受験勉強を開始したそうです。

お母さんは役目を終えて、株を上げたに違いありません。そして、私は思いました。このテーブルは「賞味期限」ギリギリで役目を全うできたのだなあと。

食品だけでなく、モノにはすべて「賞味期限」があります。読むために買った雑誌は1ヵ月程度、CDは半年程度。読み終わり、聞き終わった作品は、いったん「賞味期限」切れとなります。

食卓兼息子さんの勉強机として購入したという、Aさん家のテーブルが本来持っていた「賞味期限」は、おそらく高校受験だったのだと思います。

㉘	3章 リビングがスッキリ片づく仕組みを作る

「かたづけ士」からのメッセージ４

スッキリした快感が片づけのご褒美！

リビングがスッキリすると部屋が広くなった感じがしませんか？　モノは少ないほど気持ちが豊かになり、幸せがどんどん舞い込んでくる予感がしますね。

4章

クローゼットを未来に向けて開け放つ

㉙

着ていない洋服は大きな「損失」

あなたのクローゼットの中にある洋服は、取り出しやすいですか？　そして着終わった時にサッと戻すことができますか？　もし、左右の洋服を押し広げるようにして戻すようでは、「減らす」ことを考えねばなりません。

購入してから1度しか着ていないワンピースとか、自分で買ったことすら忘れていたブラウス、流行遅れになってしまった肩パット入りのパンツスーツ……。

意外と高価なスーツ類が、クローゼットに封印されるがごとく眠っている場合が多いようです。そうした衣類を片づけるとき、あなたはどうしますか？

「片づけの基本動作」の第1段階は、外に「出す」でした。

心を鬼にして、片づける衣類をクローゼットから全部外に出してみましょう。すると、減らす（捨てる）覚悟が、少しできてきませんか？

これが、クローゼットに入れたままだと……。不思議とその踏ん切りがつかないものなのです。でも、ここで考えなければならないのは「損失」についてです。

㉙

クローゼットで眠る洋服が多いということは、収納のスペースと洋服の両方が活かされていないということです。

そして何よりも、その高価だった洋服を着る機会を逃し、あなた自身が活かされていないという現実は、どう考えても「損失」です。

それを取り戻すには、洋服と収納のスペースの両方を甦らせることです。思いきって処分しましょう。ところが……。

「着ない服は処分すべきだと、分かっちゃいるけど」

という方が、世の中に多いのもまた事実。

多くの人は「思いきってというのが難しい」とか「どんな基準で捨てたらいいか迷う」という思いで立ち往生してしまうのが、現実だと思います。

セミナーの感想でも「次回はぜひ『捨てる基準』をテーマに！」というリクエストがあるくらいですから、「捨てるの大好き」なんて言う奇特な人は、そうはいないのです。洋服を「出す」の次に「分ける」のが、片づけの最難関と言われる所以《ゆえん》がそこにあります。

㉙ 4章
クローゼットを未来に向けて開け放つ

㉚

「なぜ着ない？」理由が分かれば捨てられる

「片づけは苦手ではないのですが、衣類だけはどうもダメ。もったいなくて、捨てられないんです」

そう言う男性のお客さまのHさんと私との間で、こんな会話になりました。

「捨てないで、減らしたらどうですか？」

洋服の片づけも、やはり基本動作は「出す」「分ける」「減らす」「しまう」です。ところが、「減らす」のに「捨てる」しか方法がないと考えている人は、意外と多いのです。

私は、Hさんに「減らす」方法を考えてもらうことにしました。

「『減らす』というのは、対象の場所から外に出すっていうことです。では、どんな方法が考えられますか？」

「ええっとー、そうですね。友だちにあげる、とか寄付する」

「そうですね。あと、オークションに出すとか。最近、洋服を委託販売してくれるところもありますよ。『捨てる』のがてっとり早くて、片づきやすいのは間違いないですが、せっかく始めた片づけがストップしてしまうようなら、

㉚ 『減らす』意識で取り組むのもいいですよ

「減らす」ための具体的な方法とは、まずクローゼットの中から「出した」洋服を「着ている服」と「着ていない服」に「分ける」ことです。

「着ていない洋服」は、さらに次の3つの紙袋に分別するとよいでしょう。

①リサイクルなどに出す洋服、人にあげる洋服、オークションに出す洋服など
②ゴミとして捨てる洋服
③どうしても持っていたい思い入れのある洋服

女性の場合、「分ける」ときに躊躇《ちゅうちょ》する人が必ず出てきます。そんな人たちの常套句《じょうとうく》は、「またいつか着るかもしれない」。しかし、過去の1年で着ていない洋服を、これからの1年で着ることはまずあり得ません。

それは「捨てる」判断がつかないだけの話。むしろ「なぜ着ない？」と、自分の行動を分析するべきでしょう。理由が分かれば、捨てる勇気が湧いてきます。

買ったのに着ない洋服の着ない理由を認識しよう

洋服	着ない理由
マキシのギャザースカート	腰が大きく見える
グリーンのトレンチコーチ	はっきりしたカラーで若すぎ
アウトレットで購入したスーツ	体型に合わず、肩に皺が寄る

㉛

「部屋着に回す」は衝動買いの言い訳

「衝動買い」は良いのか悪いのか？

ある精神科医の先生は、雑誌の対談でこう言っていました。

「衝動買いすることは悪いことではありません。勢いがないと買えないモノもありますからね。僕は悪循環にならなければ、衝動買いをしても良いと思うんです」

「かたづけ士」として、私も「衝動買い」は悪いことではないとは思うのです。ただ、それが、片づけのリスクになってしまうことは問題です。

「衝動買い」はたいていの場合、「置く場所」を決めていないからです。

置く場所を決めないで買うということは、収納する場所がないということ。

それでは、結局、床の上やクローゼットの前に置くことになります。

それがきっかけで、部屋が散らかり始めてしまった例は数えきれません。

ちなみに、ある雑誌の意識調査で、「衝動買いしやすいタイミング」のワースト3に並んだのは、次の場面です。

①仕事帰り

㉛

②待ち合わせ中
③ネットサーフィン中

仕事帰りは「ストレス発散」のために、待ち合わせ中は「閑《ひま》だったので、つい」と、まさに衝動的な理由で買ってしまうことが多いのではないでしょうか。仕事帰りや待ち合わせ中には、ブティック店に入らないなど、自分なりのルールを作るのも、良い方法かもしれません。

ネットサーフィンを2時間以上することは、催眠状態に入っているのと同じ状態であると言われています。購入ボタンをポチッと押す前に、シャワーを浴びるなど、いったん頭の中をリセットしたほうがいいでしょう。

衝動買いをする人の多くは、「失敗しても部屋着にできる」とか「誰かにあげればいい」と、あらかじめ自分に言い聞かせているものです。

でも、それではクローゼットの中の洋服は、増えるいっぽうです。

洋服は、ひとつ買ったら、ひとつ捨てる。片づけをする以前に、買い物に関する自分の癖を見つめることが大切です。

㉛

4章
クローゼットを未来に向けて開け放つ

㉜

クローゼットの「量」と「質」をキープする

衣類の収納には、「量」と「質」の要素を同時にみる必要があります。

「量」とは、自分自身のライフスタイル、そしてワークスタイルで、どれくらいの衣類が必要かを明確にしておくことが大切です。

会社帰りに、休みの日に、なんとなく「安いから」という理由で、衣類を買い込む人がいますが、それはムダ遣いに繋がります。

買い物から帰ってきたら、ほとんど同じ色とデザインの服があった……なんて笑えない話。いくら片づけても、洋服は増えるいっぽうです。

そんな人は、洋服の「質」を考えることに努めましょう。

「質」とは、自分の「お気に入り」の洋服だけを愛用するということです。あまり気に入らなくても、高価だったので「もったいない」と、捨てられないだけになっている洋服はありませんか?

別れた彼からのプレゼントだからと、捨てられずになんとなく残してある衣類やアクセサリーに、あなた自身が埋もれていませんか?

それらは、本当に現在のあなたを活かしたり、本当に輝かせているものでし

32

ょうか？　時には冷静に自問自答してみましょう。

「ワードローブの『量』は、ちょうど良いだろうか？」

「ワードローブの『質』は、キープされているだろうか？」

自分は洋服に振り回されていないだろうか……。そう問いかけることは、あなたのライフスタイルを見つめるきっかけにもなるはずです。

クローゼットをちょっと開けて、自分なりに洋服の「量」と「質」をチェックしてみましょう。考える時間は5分以内です。それ以上考えないでください。

そしてその感想や、気がついたことを、箇条書きにしてみましょう。書き出すことで、新たな気づきが生まれてくるはずです。

その行為がとても大事なのです。ワードローブの状況を把握することは、今後も起こるかもしれない衝動買いのリスクを抑えてくれます。

㉜	4章 クローゼットを未来に向けて開け放つ

㉝

洋服が「もったいない」ならリサイクル

洋服をなかなか「捨てる」ことのできない人の多くは、こう言います。

「もったいない……」

MOTTAINAIは、流行語にもなりました。ただし、その本当の意味を理解している人はあまりいないのではないでしょうか？

「もったいない」の本当の意味とは、モノ本来のあるべき姿でないということです。つまり、本来モノに備わった目的が果たされていない。洋服なら、人に着られない状態を、本来「もったいない」と言うのです。

今まで「もったいない」と私たちが言っていたのは、本当に「もったいない」の表現だったのでしょうか？

私たちはこの言葉を、次のように使っていました。

①あとで使えるから（もったいない）
②思い出の品だから（もったいない）
③買った当時高価だったから（もったいない）

私たちは「もったいない」と言いながら、それを言い訳にして、実はひどく

「もったいない」行為をしていたのでした。

洋服のあるべき姿は人に着られるということなのに、それを果たさず、洋服を買ったお金、洋服をしまうスペース、洋服を着る機会など、多くのものを失っていたのです。それこそ、洋服の価値が活かされない「もったいない」状態でした。不要な洋服を持ち続けることによって、本当に必要な洋服や、それによってもたらされるかもしれない幸運を、逃していたのですから。

「もったいない」という気持ちがあるのなら、むしろ洋服をクローゼットに閉じ込めておかず、それを着たい誰かに譲りましょう。

『川中美幸が着物43枚、5000万円分プレゼント』

そんな新聞の見出しを見て、私は「最高のリサイクル」だと思いました。

タンスやクローゼットに大切にしまっておくより、大切に使ってくれる人、喜んでくれる人にもらっていただく。これでこそ高価な着物は活きるのです。

さあ、あなたなら、どんな方法で洋服をリサイクルしますか？　どうしたら、今クローゼットに眠っている洋服たちが活きるか、考えてみましょう。

捨てられない洋服のリサイクル
何を、どこに、どのように活かす？

洋服	行き先	連絡先	実行日
ファーコート	オークションサイト	・・@・・・.jp	○月×日
男児ジーンズ	近所の○○さん	03-0000-7777	今度の日曜日

㉞

女の人生に片をつける片づけ

「女の人生はモザイク模様」と言った人がいました。仕事一本でも生きられる、男の一色の人生に比べて、そう表現した言葉だと記憶しています。

仕事を持っていても、女性は出産、子育て、親の介護など、人生のなかで自分の生活形態を変えなくてはならない状況に、何度も陥《おちい》ります。

現場を離れたり、復帰したり、残念ながらキャリアが継続されない状態は、まさに「モザイク模様」。

そういう女性のクローゼットも「モザイク模様」だと思うのです。

洋服はTPOで変わります。妊婦服、幼稚園への送迎で着た服、PTAにぴったりだった地味目なカジュアル服……。またそのテイストも一様ではありません。それらの洋服は、時期が過ぎれば不要になるものが多いはずですが、持ち主の女性にとっては、思い出として残しておきたいモノでもあります。

しかし、それこそ「もったいない」のではないでしょうか。

思い出をしまい込んでいるスペースを片づけ、リセットして、初めて女性として新しい人生の季節を迎えられるのです。

㉞

人生に片をつける片づけ。女性にこそ、それが必要だと思います。

「いらない洋服を入れた紙袋が溜《た》まってきましたが、どうしたらいいですか？」

相談を受けている主婦のお客さまから、あるときメールをいただきました。

この方は洋服を「分ける」ことに成功したのです。

もういらないと判断した洋服を、リサイクルに「出す」と決意して、さあこれからどうする？　という段階での素晴らしい質問です。

私はこう返信しました。

「家から外に出すまでは、片づけは終了していません。もしすぐに出せなかったら、紙袋にお札を貼りましょう。『○月○日までに○○さんへ』と書いておくというように。賞味期限は1週間、延ばし延ばしは禁物ですよ」

紙袋は放っておくと、いつのまにか家の風景として同化していきます。

そのひとつひとつと「人生の片をつける」意識を持って、真正面から片づけに取り組む。それが、「かたづけ士」のお勧めする片づけです。

㉞	4章 クローゼットを未来に向けて開け放つ

㉟

多すぎる洋服は生活を圧迫する

家族や友人から「また洋服を買ったの？」とよく言われる、Kさんという女性がいます。テイストが同じ洋服なのに、買い足す頻度が高いのです。

「どうして洋服を買うのですか？」と聞いてみると、意外な答えが返ってきました。

「買ったはずの服が消えるんです、不思議と」

独特なジョークで笑っていましたが、ちょっと笑えない話です。

頻繁に洋服を買う理由はふたつあるようです。

ひとつ目は、クローゼットが片づいていないため買った服が見つからず、二度買いするということ。もうひとつは、洋服があるのに、着る服が決められない日があるため……。

これを聞いて、私はテレビCMで見た格言を思い出しました。

「選択肢が多いと、逆に何も選択できなくなってしまう」

米プリンストン大学のエルダー・シャフィール教授が、行動経済学を元に提唱した「決定回避の法則」です。

35

若い夫婦がベビーカーを買いにショッピングセンターに来たものの、あまりにたくさんのベビーカーを見て、買わずに帰ってしまうというシーンでした。

実はシャフィール教授はもうひとつ、「現状維持の法則」も提唱しています。「選択肢が広がると、いつも通りのものを選んでしまう」

私は、これであのKさんを思い出しました。

もしかすると彼女は、持っている洋服が多すぎるため、クローゼットの前で、しばしば思考停止に陥っているのではないでしょうか。洋服を買う頻度が高いのは、そのせいかもしれません。男性のネクタイも、たくさん持っている人は、Yシャツとのコーディネイトに悩むことがあるといいます。

多すぎる洋服や持ち物は、生活の時間と空間を圧迫します。

「質」と「量」のバランスを考え、日頃から自分なりに「洋服を買う時のルール」を決めておきましょう。そうすればKさんのように、周囲からいらぬ注目を浴びることもなくなります。

過ぎたるは及ばざるが如し……。クローゼットの詰め込みには要注意です。

㉟

4章
クローゼットを未来に向けて開け放つ

「かたづけ士」からのメッセージ5

無理して完璧に
やらなくていいんです！

クローゼットはどうでしたか？　できるところから自分のペースでやりましょう。片づけを続けるには、楽しんでやることが大切！ここまでできたらもう大丈夫です。

リバウンドは
片づけ上手へのプロセス

㊱

片づいた状態をキープする
5つの「S」

片づけることを決意し、声に出して宣言し、身近なところから少しずつ始めた片づけの練習。難しいのは、片づけてからの維持です。

精神的にも「また元に戻ってしまうのでは」とか「キレイを維持することに失敗した時のことを考えると恐ろしい」と、自らの不安と闘わなくてはなりません。「リバウンドへの恐怖」です。

ただし、キレイを維持することにはコツがあります。

まず、ほんのささいなことでも、OKサインになりそうな事態が発生したら見逃さず、すぐに片づけることです。

リビングルームをキレイに片づけた後、たった1本、家族の誰かがテーブルに置きっぱなしにした空のペットボトルがOKサインになり、「元《もと》の木阿弥《もくあみ》」ということが多いからです。

そうならないために、「5つのS」を普段の生活に取り入れてみましょう。

文字通り、キレイを維持する5つの言葉の頭文字です。

㊱

①整理　床に置きっぱなし、クローゼットに入らないものなどがあれば、その場でいるいらないを判断。30秒で決断する
②整頓　モノの定位置を決め、出したらすぐにしまう
③清掃　掃除道具はすぐ取り出せる場所に置き、汚れが目についたら即掃除！
④清潔　整理、整頓、清掃を常に心がける
⑤しつけ　自分で決めたことを必ず守る

これは工場や店舗などで採用されているスローガンですが、家庭でも「片づけリバウンド」対策として有効です。

5つの要素はあまりに当たり前すぎて、忘れてしまっている大人は多いのではないでしょうか。もともと現場の安全と衛生といった目的だけでなく、作業の効率化や、働く人の自主性を養う面でも、効果は実証済みです。

簡単なのに効き目があり、片づける習慣を間違いなく支えてくれます。

㊱	5章 リバウンドは片づけ上手へのプロセス

㊲

週に一度は安息日
片づけなくていい

「片づけリバウンド」に陥らないコツは、一にも二にも、自分に過激なプレッシャーをかけないことです。

「片づけたのだから、もう汚れは見逃さない！」と、身のまわりをチェックすることは、ちょっとしたプレッシャー程度なら効果的ですが、度が過ぎると、片づけ自体がストレスになってしまいます。

そこでお勧めしたいのが「安息日」という考え方。片づけが終了した後、しばらくは一週間に一度、片づけない日を設けましょう。

「セルフ片づけプロジェクト」のところで「ご褒美のイベント」を考えたと思いますが、最初の安息日にそれを実施するのもいい方法です。

キレイに片づいた部屋に、友人を呼んでパーティーをするもよし、スッキリ片づいた部屋で、ひたすらのんびり過ごすのもよし、自宅を抜け出し、どこかへ出かけて息抜きをしてもよいのではないでしょうか。

私自身が、「ご褒美のパーティー」に招待されたこともあります。「片づけお披露目イベント」と銘打たれたお花見でした。

㊲

都内の桜の名所に、総勢40名以上の関係者（家族、友人、知人、お客さまなど）を招いての、「かたづけ士」のお客様史上最大規模のイベントとなりました。メインはもちろん桜見物でしたが、片づけを終了したMさんのご依頼で、私こと、「かたづけ士」による「おかたづけ講演」をさせていただきました。

『かたづけ士見参!! 人生を豊かにする片づけの極意』

なんと、プログラムにはそんな願ってもないタイトルまで並び、懇親会でのみなさんとの話も、片づけに終始するという嬉しい流れとなりました。

みなさんもそれぞれに、片づけのきっかけを摑めたようで、おいしいお料理とも相まって、最高の時間となりました。

主役のMさんにとっても、片づけの達成感を友人知人のみなさんと分け合うことができたのですから、素敵な一日だったと思います。

そして、いい意味で、次なる片づけのステージへの「片モチ」を上げるいい機会だったのではないでしょうか。

アイデアを凝らせばリバウンドも恐くない。私も学びをいただきました。

㊲

5章
リバウンドは片づけ上手へのプロセス

㊳

モノを増やさないルールで乗り切る

「自分で片づけを始めてから、ほとんど買い物しなくなりました。理由はまだ分からないんですけど……」

Hさんから、嬉しいメールが届きました。

自分で積極的に片づけることで、彼女の中で静かに変化が起きているようです。家の中がキレイになるのが片づけの第一の効果ですが、同時に、精神や生活に思いがけない変化が現れるところが、片づけの奥深さでもあります。

片づけがしっかり習慣化されたYさんも、やはり、衝動買いする癖を乗り越えました。彼女は念には念を入れようと「無駄な買い物を減らす5つのポイント」を編み出したのです。なかなか現実的で微笑ましいルールです。

①お腹が空いているときにスーパーに行かない

②ストレスを買い物で発散せず、他のことに向かわせる（他のことを、あらかじめ探しておく）

③買い物に出かける際、買い物リストを作り、それ以外は買わない

㊳

④必要な現金のみもっていく
⑤空きスペースはあるか、本当に必要か、じっくり検討する

こうした「買い物のルール」を作って買わない努力をすることで、Yさんはモノを増やさずにスッキリを維持する仕組みを作りました。

また、人からモノを「もらう」についても考えておくことも、「片づけリバウンド」対策です。なぜなら「もらう」という行為は、必ずしもプラスをもたらすものではないからです。人からモノを「もらう」ことで、逆に時間、労力、手間、お金といったマイナスを伴う場合があります。キレイに片づいた部屋に、思いがけないもらいモノをして、収拾がつかなくなることがあるのです。

特に家具や電化製品などは、スペースに合わない可能性が大です。即答せず、よく検討しましょう。不要なら、相手に感謝を伝え丁重にお断わりすればいいのです。「もったいないから」では、モノは必ずしも活かされません。

㊳ 5章
リバウンドは片づけ上手へのプロセス

㊴

長い目で片づけの習慣を維持しよう

片づいたキレイな状況を長く維持するには、自分なりのルールが必要ですが、それには、また散らかるのを事前に【予防】するものと、散らかしても元に戻すよう、キレイを【復元】させる事後のものの二通りがあります。

ルールの作り方には、ポイントがあります。

1スペースに1ルールと決めますが、内容はごく簡単なものに、そして自分の生活（仕事）のパターンに合ったもの。予防と復元をうまく組み合わせることで、一度片づけたキレイな空間を、スッキリ保つことができます。

ルールの内容には、場所やモノによって5つのタイプがあります。

①具体的な方法を決めてしまう

急にモノが必要になったり、急にモノが増えたりした時の具体的な対策方法。例えば、急な来客で布団が必要、急にDMが増えた、など。

②アイテムを使って、見た目を整える

㊴

美観を意識して、収納グッズの色や形を統一する。
例えば、クローゼットのハンガーを統一させるなど。

③タイミング、時期を決める
それを過ぎたら処分するというように、「賞味期限」を決める。
例えば、雑誌を1ヵ月読まなかったら捨てる、など。

④収納エリア、制限、条件を考える
スペースに余裕があってもなくても、収納の場所と量を決める。
例えば、本棚に8割以上の収納をしない、など。

⑤イベントにする
キレイを維持するため、時間、場所、相手を決めてスケジュールに組み込む。例えば、金曜18時以降は同僚と片づけタイムにする、など。

㊴ 5章
リバウンドは片づけ上手へのプロセス

①具体的な方法を決めてしまう

DMは保存しない!

②アイテムを使って、見た目を整える

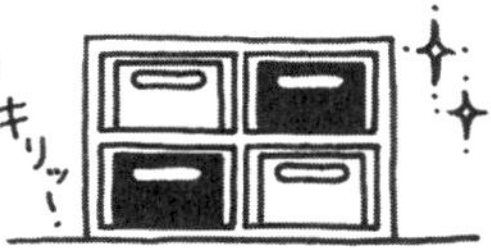
キリッ!

③タイミング、時期を決める

ヒールのリペアは1回まで!

④収納エリア、制限、条件を考える

ココまで!

⑤イベントにする

ポイ!
ゴミ収集日前夜!

㊵

リバウンドに陥らないための「ゆるルール」

㊵ 5章
リバウンドは片づけ上手へのプロセス

モノを増やさないことは「片づけリバウンド」の大事な予防ですが、自分なりにモノを「持つ基準」を作っておけば万全です。

出掛けた先のお店で、運命を感じる出会いがあったとしても、あらかじめ絞っておいたポイントがあれば、購入を落ち着いて検討することができます。

①好みのモノ　本当に好きか？　自分にとって本当に心地よいか？
部屋の雰囲気に合う色と形か？
ライフスタイルに合っているか？

②置き場所　家の中に置き場所を確保できるか？
これと入れ替えで、出すモノは何か？

③適量　ストックを持ちすぎていないか？
(ストックはひとつまで。1ヵ月以内で消費する分量以上持たないなど適量を把握した上で基準を決めます)

以上のようなポイントを踏まえて、自分なりの「キレイ維持ルール」を作るのも、とても有効です。財布の片づけで決めた「領収書は持ち越さない」、リビングルームの片づけで決めた「床にモノを置かない」なども含まれますが、一覧表にしておくと、すべての項目に関して無意識に行えるようになります。「キレイ維持ルール」を作るためのステップはいくつかありますが、次の通りです。

①現状を把握して、自分の行動のパターンや癖を振り返る
②そのパターンや癖に合った、システムを作る
③さらに今後、防止できるものにもシステムを作る
④それ以後、ルールを時々見直す機会を設け、リセットしていく

具体例にならってオリジナル・ルールを作ってみましょう。がんばらなくてもよい「ゆるルール」にすれば無理なく実現でき、リバウンド対策になります。

㊵

5章
リバウンドは片づけ上手へのプロセス

㊶

片づけは家族のコミュニケーションツール

「片づけの三大アラーム」というのをご存じでしょうか？

それは、①イライラ　②探す　③疲れ、です。

例えば、「どうも最近、イライラしてしまう」と感じたら、「片づけなきゃ」のメッセージです。

「どうも最近、探しモノが多いな」「どうも最近、疲れるな」と感じる時も、この症状は「片づけアラーム」ではと、疑ってみましょう。

たいていは図星、当たっているものです。

ただ、決して「片づけアラーム」を嘆いてはいけません。逆にアラームが鳴り出すまで、キレイは維持できていたわけですから、片づけの習慣が続いていたことを、むしろ誇りに思ってください。

大丈夫、あなたにとっての片づけの習慣化は成功しています――。

講演でそんな話をしたところ、参加者の女性が質問をしてくれました。

「アラームではないけれど、イライラを感じることがあります。私が片づけをやっているのに、家族が何もしてくれない時、もうイライラしてしまいます。

㊶

そんな時、リバウンドの危機を感じますが、どう乗り越えたらいいですか？」

私はこう答えました。

「いっしょに片づけの習慣をつけるよう、家族を巻き込んでやったほうがいいですよ。片づけは家族のコミュニケーションツールになる可能性を秘めています。片づけの素晴らしい効果を家族で共有すれば、イライラは解消します」

片づけでコミュニケーションが円滑になることは、多くの例が物語っています。片づかないという問題を家族みんなに問いかけ、原因を突き止め、解決し、今よりもっとイキイキと生活できるようステップアップできるのが、片づけの習慣化です。

何よりも、家族全員でプロジェクトに取り組めるというところが得難い魅力ですし、家をキレイにするという難局を乗り越えた結果が、目に見えるという具体性も嬉しいところです。人を招ける家になれば、家族みんなの人間関係が広がります。家族を「巻き込む」ことだけを忘れなければ、コミュニケーションはもれなくついてきます。

きょうの○○は片づいている？
周囲を見回してチェックしてみよう

- □ 玄関にムダに靴は置いていないか？
- □ リビングルームの床は片づいている？
- □ テーブルの上は片づいている？
- □ 新聞、雑誌は定位置に置いてある？
- □ キッチンはピカピカに光っている？
- □
- □
- □
- □
- □
- □

㊷

片づけの習慣は新しい人生のスタート

たいへんなリバウンドを経験した女性に、Bさんという方がいます。

私が主宰する「かたづけ研究会」（略称・かたラボ）のメンバーですが、きっかけはセミナーに参加してくださったことでした。

つまりどちらかというと、片づけが苦手な方だったのです。それが見る見る「かた筋」をつけられ、「かたラボ」初級を無事クリア、中級まで進み、いよいよさらなるステップアップを図ろうという時期のことでした。

ぱったり、メーリングリストにも顔を出さなくなり、研究会を3回連続で休んでしまったのです。4回目に来て、彼女は投げやりに口を開きました。

「もう、どうでもよくなったんです」

そう話す態度も、まるで中学生の反抗期のようです。聞けば部屋の中は、また以前と同じように足の踏み場もない状態だと言います。

私はそこで考えました。ここは彼女に、自分は片づけに挫折したことを認めてもらおう。そしてまた一から始めることで、彼女に立ち直ってもらおうと。

なぜなら、リバウンドは成長へのプロセスです。

42

中学生の反抗期が、誰もが通り過ぎる成長へのプロセスであるのと同じで、片づける力が伸びたからこそ、負荷がかかったのです。

「リバウンドを決して恥じることはありませんよ。またやればいいんですから。大切なのは、自分は片づけをサボったと、素直に認めることです」

私はBさんにそう言いました。すると驚くべきことに、彼女は1ヵ月で、新たな片づけをやり遂げることができました。

リバウンドは自然現象です。片づけたくない症候群を隠して余計ダメになるよりも、いっそ抵抗して挫折したほうがよい場合があります。

人は完璧ではありません。一度片づけが成功したからといって、何十年間もの間の習慣が簡単に直るものでもありません。一度や二度のリバウンドは起こること。想定内の事件なのです。

立ち止まっても、人はスパイラルに成長することができます。失敗しても、空間はまた片づけることができます。自分の世界なのですから、自分のペースで片づけていきましょう。片づけとは、心からよく生きることなのです。

㊷	5章 リバウンドは片づけ上手へのプロセス

「かたづけ士」からのメッセージ6

やりましたね、
おめでとうございます！

片づけの習慣を身につけたあなたは、輝いています。今日が新しい人生のスタートです。きっといいことがあるはず。楽しみですね！

一〇〇字書評

切り取り線

購買動機（新聞、雑誌名を記入するか、あるいは○をつけてください）	
□（　　　　　　　　）の広告を見て	
□（　　　　　　　　）の書評を見て	
□ 知人のすすめで	□ タイトルに惹かれて
□ カバーがよかったから	□ 内容が面白そうだから
□ 好きな作家だから	□ 好きな分野の本だから

●最近、最も感銘を受けた作品名をお書きください

●あなたのお好きな作家名をお書きください

●その他、ご要望がありましたらお書きください

住所	〒				
氏名		職業		年齢	
新刊情報等のパソコンメール配信を 希望する・しない	Eメール	※携帯には配信できません			

あなたにお願い

この本の感想を、編集部までお寄せいただけたらありがたく存じます。今後の企画の参考にさせていただきます。Eメールでも結構です。

いただいた「一〇〇字書評」は、新聞・雑誌等に紹介させていただくことがあります。その場合はお礼として特製図書カードを差し上げます。

前ページの原稿用紙に書評をお書きの上、切り取り、左記までお送り下さい。宛先の住所は不要です。

なお、ご記入いただいたお名前、ご住所等は、書評紹介の事前了解、謝礼のお届けのためだけに利用し、そのほかの目的のために利用することはありません。

〒一〇一－八七〇一
祥伝社黄金文庫編集長　吉田浩行
☎〇三（三二六五）二〇八四
ohgon@shodensha.co.jp

祥伝社ホームページの「ブックレビュー」からも、書けるようになりました。
http://www.shodensha.co.jp/bookreview/

祥伝社黄金文庫

祥伝社黄金文庫　創刊のことば

「小さくとも輝く知性」――祥伝社黄金文庫はいつの時代にあっても、きらりと光る個性を主張していきます。

真に人間的な価値とは何か、を求めるノン・ブックシリーズの子どもとしてスタートした祥伝社文庫ノンフィクションは、創刊15年を機に、祥伝社黄金文庫として新たな出発をいたします。「豊かで深い知恵と勇気」「大いなる人生の楽しみ」を追求するのが新シリーズの目的です。小さい身なりでも堂々と前進していきます。

黄金文庫をご愛読いただき、ご意見ご希望を編集部までお寄せくださいますよう、お願いいたします。

平成12年（2000年）2月1日　　祥伝社黄金文庫　編集部

1日《にち》1分《ぶん》！がんばらなくても幸《しあわ》せになれる片《かた》づけルール

平成22年10月20日　初版第1刷発行

著　者　小《こ》松《まつ》易《やすし》
発行者　竹内和芳
発行所　祥《しょう》伝《でん》社《しゃ》
東京都千代田区神田神保町3-6-5
九段尚学ビル　〒101-8701
☎ 03（3265）2081（販売部）
☎ 03（3265）2084（編集部）
☎ 03（3265）3622（業務部）
印刷所　萩原印刷
製本所　ナショナル製本

造本には十分注意しておりますが、万一、落丁、乱丁などの不良品がありましたら、「業務部」あてにお送り下さい。送料小社負担にてお取り替えいたします。

Printed in Japan
©2010, Yasushi Komatsu

ISBN978-4-396-31524-5 C0130

祥伝社のホームページ・http://www.shodensha.co.jp/

祥伝社黄金文庫

荻原博子
荻原博子の今よりもっと！節約術
家計簿つけ、お買いもの、おうち、保険…今日からできる、かんたん生活防衛術！

臼井由妃
セレブのスマート節約術
どうしてお金持ちのところにばかりお金が集まるの？　みんながうらやむセレブが実践している節約術とは？

臼《う》井《す》由《いゆ》妃《き》
幸せになる自分の磨き方
もったいない。もっとハッピーになれるのに。仕事。恋愛。お金。知性。みんな選んでいいんです。

大村大次郎
10万円得する超節税術
「節税」は最高の副業！　「控除対策」の知識を駆使すれば「無税」だって夢じゃない！　プロの裏ワザを大公開！

柏木理佳
国際線スチュワーデスのリッチな節約生活
お金をかけずにリッチになれる方法、教えてあげる！この財産を生かさないのは、もったいない！

柏木理佳
スッチー式美人術
〝女の園〟で磨きあげたキレイに見せるテクニック。すべてお教えします！

祥伝社黄金文庫

川口葉子　京都カフェ散歩

京都にはカフェが多い。それも、とびきり魅力的なカフェが。豊富なフォト&エッセイで案内。

小林由枝《ゆきえ》　京都でのんびり

知らない道を歩くと、京都がますます好きになります。京都育ちのイラストレーター、とっておき情報。

小林由枝《ゆきえ》　京都をてくてく

『京都でのんびり』の著者が贈るお散歩第2弾！　ガイドブックではわからない本物の京都をポケットに。

中村壽男　とっておき京都

絶景、史跡、名店…京都でハンドルを握って25年。この街のことならおまかせください。

千谷美恵　とっておき銀座

職人の技。隠れた名店。至福の時。銀座育ちの若女将が新しい『銀座』を教えてくれます。

千葉麗子　白湯ダイエット

「朝一杯のお湯」には、すごいパワーがあるんです。火付け役・チバレイが、すべてお答えします！

祥伝社黄金文庫

杉浦さやか
ベトナムで見つけた
かわいい・おいしい・安い！

人気イラストレーターが満喫した散歩と買い物の旅。カラーイラスト満載で贈る、ベトナムを楽しむコツ。

杉浦さやか
東京ホリデイ
散歩で見つけたお気に入り

人気イラストレーターが東京を歩いて見つけた〝お気に入り〟の数々。街歩きを自分流に楽しむコツ満載。

杉浦さやか
よくばりな毎日

シティリビングの人気連載が、本になりました！　杉浦さやか流・毎日を楽しむヒントがいっぱいの1冊。

杉浦さやか
わたしのすきなもの

杉浦さやかの「すきなもの」だけが50コつまった小さなエッセイ集。シティリビングの人気連載書籍化・第2弾。

瀬戸内寂聴
寂聴生きいき帖

切に生きるよろこび、感動するよろこび、感謝するよろこび、ただ一度しかない人生だから！

曽野綾子
運命をたのしむ

すべてを受け入れ、少し諦《あきら》め、思い詰めずに、見る角度を変える…生きていることがうれしくなる一冊！

祥伝社黄金文庫

曽野綾子
〈敬友録〉「いい人」をやめると楽になる
縛《しば》られない、失望しない、傷つかない、重荷にならない、疲れない〈つきあい方〉。「いい人」をやめる知恵。

曽野綾子
〈安心録〉「ほどほど」の効用
失敗してもいい、言い訳してもいい、さぼってもいい、ベストでなくてもいい、息切れしない〈つきあい方〉

曽野綾子
現代に生きる聖書
何が幸いか、何が強さか、何が愛か、聖書から得る、かくも多くのもの。

曽野綾子
原点を見つめて
かくも凄《すさ》まじい自然、貧しい世界があったのか。しかし、私たちは、そこから出発したのだ。

曽野綾子
〈幸福録〉ないものを数えず、あるものを数えて生きていく
「数え忘れている〝幸福〟はないですか?」幸せの道探しは、誰にでもできる。人生を豊かにする言葉たち。

曽野綾子
〈救心録〉善人は、なぜ、まわりの人を不幸にするのか
たしかにあの人は「いい人」なんだけど……。善意の人たちとの疲れない〝つきあい方〟。

祥伝社黄金文庫

雨宮塔子
それからのパリ
パリという街の時間と、暮らしの時間の中で。パリの空気を少しでも感じていただけたら幸いです。

伊藤弘美
泣き虫だって社長になれた
28歳独身。経験ゼロ。借金あり。マイナスからのスタートにも負けないそのパワーと笑顔の秘密に迫る。

井村和清
飛鳥《あすか》へ、そしてまだ見ぬ子へ
不治の病に冒された青年医師が、最後まで生きる勇気と優しさを失わず家族に向けて綴った感動の遺稿集。

岩野礼子
ひとり暮らしのロンドン
憧れの屋根裏部屋からスタート。自己流イギリス料理を楽しみ、ロンドンの四季に親しむ珠玉エッセイ。

金盛浦子
気にしない、今度もきっとうまくいく
本気で願えばほんとにかなうのよ、幸せをつかむコツ教えます。ウラコのまんが&エッセイ。

カワムラタマミ
からだはみんな知っている
10円玉1枚分の軽い「圧」で自然治癒力が動き出す！　本当の自分にもどるためのあたたかなヒント集！